MODERN GREEK TRANSLATION

ACKNOWLEDGEMENT

I wish to acknowledge with thanks London Examinations and EDEXCEL for their kind permission to use some past examination papers in this book.

New Revised Edition

I.S.B.N.: 9780905313207

Published and Distributed by The Greek Institute
29, ONSLOW GARDENS, LONDON N21 1DY

MODERN GREEK

TRANSLATION

for Beginners up to G.C.E. "A" level

New Revised Edition

KYPROS TOFALLIS, M.A., Ph.D.

DIRECTOR OF THE GREEK INSTITUTE
FORMERLY LECTURER IN MODERN GREEK STUDIES
NORTH LONDON COLLEGE AND UNIVERSITY OF NORTH LONDON

MODERN GREEK TRANSLATION

CONTENTS

INTRODUCTION

This new edition has been completely revised and new material has been added. I have attempted in this short work to serve a number of purposes. First of all there are hardly any books dealing with Greek-English Translation so this publication hopes to be of some help to all those preparing for examinations such as those of the G.C.E. 'A' and G.C.E. 'O' level and the examinations of the Greek Institute. Secondly I have divided the book into two parts. The first part deals with elementary passages leading to the examinations of the Preliminary and Intermediate Certificates of the Greek Institute and the G.C.E. 'O' level examination and the second part deals with more advanced passages which will be found useful by the candidates preparing for the G.C.E. 'A' level in Modern Greek and the Advanced Certificate of the Greek Institute. The G.C.E. 'O' level is still examined in Greece and Cyprus.

In the first part of the book I have attempted to give some sentences and passages related to Greece and Cyprus. I have done this intentionally because I believe that those who are studying Greek should be made aware of the life and culture of the country they are studying. On the other hand, there are thousands of Greek-Cypriot children living in Britain so I thought it is essential that they should know more about their country of origin, the way of living, if they are to appreciate and love the subject of Modern Greek.

Naturally, in the second part I provide passages of an advanced nature and on a variety of subjects, ranging from literary to historical and sociological themes hoping that this will help the student who is preparing for advanced examinations.

Past examination papers are also used in order to enable the student to be aware of the standards required. Although for the passages in the early part simple translation is required, students should be able to translate idiomatically wherever this is required. It is important to remember that in the advanced passages the student should translate the meaning rather than word for word.

Needless to say, to be a good translator one has to be good in the language: and to be good in the language one has to read widely. One should read as much as possible and regularly, a newspaper, a magazine, the literature and the history of the country, for by reading widely one accumulates a rich vocabulary and becomes acquainted with the syntax, the idioms, the customs, the traditions, the attitudes of the people and of the land that they are studying. One should also never part with a good dictionary and should refer to the dictionary at all times. I have also included Idiomatic Expressions and some Proverbs at the end of the book.

Finally, now that Greece and Cyprus are Members of the European Union there will be a growing need for Greek translators and interpreters. I hope that this short work will be a useful introduction to the subject and will be of some help to all those students who are working towards the GCE 'O' and 'A' level, or the Examinations of the Greek Institute.

October 2014

Dr. KYPROS TOFALLIS

PART ONE

WORD ORDER

It is important to observe the order of words in a sentence because Greek is an *inflected* language and English is not. The word order determines whether your translation is accurate or not. The normal English word order is: *Subject – Verb – (Object) – Extensions.*

As Greek is an inflected language, the Subject can be placed anywhere in the sentence, e.g.

1. Την Κυριακή πήγε στη θάλασσα ο Νίκος.
2. Πήγε στη θάλασσα την Κυριακή ο Νίκος.
3. Ο Νίκος πήγε στη θάλασσα την Κυριακή.
4. Στη θάλασσα πήγε την Κυριακή ο Νίκος.

} Nicos went to the sea on Sunday

Students are reminded that they should concentrate on the following three points when translating:

1. The position of the Subject in the sentence.
2. The Proximity of the Object to the Verb.
3. The position of the qualifying phrases and clauses.

1 The Use of Nouns and Adjectives: Singular and Plural

1. Ο Πέτρος είναι ´Ελληνας.
2. Η Σοφία είναι Αγγλίδα.
3. Το φαγητό είναι ελληνικό.

4. Το εστιατόριο είναι αγγλικό.
5. Το αυτοκίνητο είναι κόκκινο.
6. Το Λονδίνο είναι μια μεγάλη πόλη.
7. Η Λευκωσία είναι μια μικρή πόλη.
8. Η εφημερίδα είναι ελληνική.
9. Το περιοδικό είναι αγγλικό.
10. Ο μπακάλης δεν είναι φτηνός.
11. Η ελληνική εκκλησία είναι γεμάτη.
12. Η αγγλική εκκλησία δεν είναι γεμάτη.
13. Τα μήλα είναι κόκκινα.
14. Τα αχλάδια είναι πράσινα.
15. Τα φρούτα δεν είναι φτηνά.
16. Η Ελλάδα είναι μικρή χώρα.
17. Η Αμερική είναι μεγάλη χώρα.
18. Οι εφημερίδες δεν είναι ελληνικές.
19. Τα περιοδικά δεν είναι αγγλικά.
20. Αυτές οι γυναίκες είναι Ελληνίδες.
21. Αυτοί οι άντρες δεν είναι Άγγλοι.
22. Αυτός είναι Γάλλος τουρίστας.
23. Εκείνος είναι Γερμανός τουρίστας.
24. Αυτή η κοπέλα είναι μαθήτρια.
25. Αυτή η κυρία είναι δασκάλα.
26. Εκείνα τα παιδιά είναι μαθητές.
27. Εκείνοι οι άντρες είναι ψαράδες.
28. Οι ταβέρνες είναι ανοιχτές κάθε μέρα.
29. Οι τράπεζες είναι κλειστές.
30. Τα ξενοδοχεία είναι ακριβά.

Notes

το φαγητό = food
το αυτοκίνητο = car
η εφημερίδα = newspaper
ο μπακάλης = grocer
το αχλάδι = pear

ο τουρίστας = tourist
ανοιχτός, ή, ό = open
η τράπεζα = bank
το ξενοδοχείο = hotel
το εστιατόριο = restaurant

η πόλη = town, city
το περιοδικό = magazine
η εκκλησία = church
φτηνός, ή, ό = cheap

η μαθήτρια = pupil (girl)
ο ψαράς = fisherman
κλειστός, ή, ό = closed
ακριβός, ή, ό = expensive

2 The Use of Possessive Pronouns

Possessive Pronouns are formed with the adjective δικός, δική, δικό and with the Genitive of the Personal Pronouns μου, σου, του, της, μας, σας, τους. The first is used in emphatic statements. The second in unemphatic statements.

Examples of emphatic statements

Αυτό το βιβλίο είναι δικό μου =This book is mine.
Αυτή η γραβάτα είναι δική του =This tie is his.
Αυτό το σπίτι είναι δικό μας =This house is ours.

Examples of Unemphatic statements.

Το σπίτι μου είναι μεγάλο =My house is large.
Ο καφές σου είναι ζεστός =Your coffee is hot.
Τα βιβλία μας είναι ελληνικά =Our books are Greek.

1. Το σπίτι μου είναι στο Λονδίνο.
2. Το σπίτι σου είναι στην Αθήνα.
3. Οι φίλοι μου είναι στην Κύπρο.
4. Τα μαλλιά της είναι ξανθά.
5. Το αυτοκίνητο του είναι κόκκινο.
6. Η μητέρα τους είναι Κυπρία.
7. Ο πατέρας τους είναι Έλληνας.
8. Το τσάι μου δεν είναι ζεστό.
9. Η μπίρα μου είναι παγωμένη.
10. Ο παππούς μου είναι στην Αγγλία.

11. Η γιαγιά της είναι στην Ελλάδα.
12. Ο θείος του είναι στην Κύπρο.
13. Ο αδελφός μου είναι στο χωριό.
14. Η αδελφή σου είναι γραμματέας.
15. Ο ξάδελφος του είναι μηχανικός.
16. Η ξαδέλφη της είναι νοσοκόμα.
17. Η θεία μου είναι γιατρός.
18. Ο θείος του είναι δικηγόρος.
19. Ο ξάδελφος μας είναι λογιστής.
20. Αυτή η πένα είναι δική μου.
21. Αυτά τα βιβλία δεν είναι δικά σας.
22. Αυτά τα φρούτα δεν είναι δικά μας.
23. Εκείνες οι φούστες είναι δικές τους.
24. Εκείνα τα πανταλόνια είναι δικά τους.
25. Αυτό είναι το χωριό μου.

Notes

το τσάι = tea	ζεστός, -ή, -ό = hot
παγωμένος, -η, -ο = cold, iced	ο παππούς = grandfather
η γιαγιά = grandmother	ο θείος = uncle
η θεία = aunt	ξάδελφος, -η = cousin
το χωριό = village	ο, η γραμματέας = secretary
ο μηχανικός = mechanic	ο, η γιατρός = doctor
η νοσοκόμα = nurse	ο, η δικηγόρος = lawyer
ο λογιστής = accountant	η φούστα = skirt
το πανταλόνι = trousers	αδελφός, -ή = brother, sister
η πένα = pen	

3 Indicating Dependence or Possession

Examples

Το σπίτι του Γιάννη είναι στην Αθήνα =John's house is in Athens.

Το φόρεμα της Μαρίας είναι κόκκινο = Maria's dress is red.
Τα παπούτσια του Αντώνη είναι μαύρα = Antoni's shoes are black.
Τα φορέματα των γυναικών είναι ακριβά = The ladies' dresses are expensive.

1. Το βιβλίο του Γιώργου είναι ελληνικό.
2. Το φόρεμα της Δήμητρας είναι ωραίο.
3. Η ταβέρνα του Αλέκου είναι ακριβή.
4. Το εστιατόριο του Δημήτρη είναι ακριβό.
5. Το σπίτι της Έλλης είναι μεγάλο.
6. Το αυτοκίνητο του Αντώνη είναι κόκκινο.
7. Το χωριό του παππού μου είναι στην Κύπρο.
8. Το σπίτι της θείας μου είναι στην Κρήτη.
9. Το σχολείο των παιδιών είναι στην πλατεία.
10. Η εκκλησία του χωριού δεν είναι μεγάλη.
11. Η εφημερίδα του Μάρκου είναι ελληνική.
12. Το περιοδικό της Αντιγόνης είναι αγγλικό.
13. Τα μήλα του μανάβη είναι φτηνά.
14. Το ούζο της ταβέρνας δεν είναι φτηνό.
15. Τα μάτια της μητέρας μου είναι γαλανά.
16. Τα λουλούδια του κήπου είναι ωραία.
17. Το φόρεμα της Άννας είναι κόκκινο.
18. Το πουκάμισο του Ανδρέα είναι άσπρο.
19. Τα ψωμιά του ψωμά είναι ζεστά.
20. Τα ψάρια του ψαρά είναι φρέσκα.

Notes

το φόρεμα = dress	πλούσιος, α, ο = rich
ο ράφτης = tailor	παντρεμένος, -η, -ο = married
ο μανάβης = greengrocer	τα λουλούδια = flowers
ο κήπος = garden	ο ψωμάς = baker
η γυναίκα = woman, wife	φρέσκος = fresh
η εκκλησία = church	η πλατεία = square

4 The Proximity of the Object to the Verb

In English the Object immediately follows the verb, while in Greek it is usual to insert various words between the Verb and its Object.

Examples

Είδα χθες στο σχολείο την Ελένη = I saw Helen at school yesterday.
Πήγα το Σάββατο στην αγορά = I went to the market on Saturday.

1. Διαβάζω την εφημερίδα κάθε πρωί.
2. Βοηθώ τη μητέρα μου κάθε μέρα.
3. Στέλνω το παιδί στο ταχυδρομείο.
4. Αγοράζω φρούτα κάθε Σάββατο.
5. Δεν πίνω καφέ, πίνω πορτοκαλάδα.
6. Μένω στο χωριό με τους γονείς μου.
7. Δεν μένουμε στο χωριό, μένουμε στην πόλη.
8. Βλέπω τους φίλους μου στην μπιραρία.
9. Αγαπώ την Ελλάδα και τα νησιά της.
10. Πηγαίνω στον μπακάλη κάθε Τρίτη.
11. Πηγαίνω στο θέατρο μια φορά το μήνα.
12. Παρακολουθώ τηλεόραση κάθε βράδυ.
13. Βλέπω μια ελληνική ταινία στο βίντεο.
14. Ο Γιάννης πίνει τον καφέ του στο γραφείο του.
15. Δεν πηγαίνω στο εστιατόριο το μεσημέρι.
16. Πηγαίνω στην τράπεζα μια φορά την εβδομάδα.
17. Τα παιδιά πηγαίνουν στην εκκλησία την Κυριακή.
18. Αγοράζω γλυκίσματα από το ζαχαροπλαστείο.
19. Ο Νίκος μένει στην Κρήτη με την οικογένεια του.
20. Η Ελένη μένει στο νησί με την οικογένεια της.

Notes

οι γονείς = parents
το ζαχαροπλαστείο = cake shop
ο μήνας = month
η ταινία = film
η μπιραρία = pub

το ταχυδρομείο = post office
το νησί = island
παρακολουθώ = I watch
η τηλεόραση = television
η οικογένεια = family

5 The Verb in the Present Tense: Active and Passive Verbs

Active Verbs end in –ω and Passive Verbs end in –μαι. An active verb can be changed into a passive verb when the final –ω is changed into –όμαι or –ιέμαι. Examples: διδάσκω (I teach) – διδάσκομαι (I am taught), φιλώ (I kiss) – φιλιέμαι (I am kissed).

1. Διδάσκω Ελληνικά στο κολέγιο.
2. Διδάσκομαι Ελληνικά στο Πανεπιστήμιο.
3. Η Ελένη ντύνει το μικρό παιδάκι της.
4. Η Δάφνη ντύνεται κάθε πρωί στις εφτά.
5. Εξετάζω τους μαθητές μου τρεις φορές το χρόνο.
6. Ο Γιάννης εξετάζεται από τον γιατρό μια φορά το χρόνο.
7. Οι γέροι συνήθως κοιμούνται νωρίς.
8. Οι νέοι συνήθως κοιμούνται αργά.
9. Ο Νίκος και η Άννα παντρεύονται τον Ιούλιο.
10. Η Χαρούλα παντρεύεται με τον Κώστα την Κυριακή.
11. Οι τουρίστες επισκέπτονται την Ακρόπολη.
12. Οι Έλληνες μαθαίνουν ξένες γλώσσες.
13. Κοιμάται από τις δέκα μέχρι τις εφτά.
14. Ξυπνά στις εφτά και αρχίζει δουλειά στις εννέα.
15. Τελειώνει την εργασία του στις πέντε.
16. Διδασκόμαστε Ελληνικά γιατί αγαπάμε την Ελλάδα.
17. Διδάσκονται Ελληνικά γιατί οι γονείς τους είναι Κύπριοι.

18. Μαθαίνουν την γλώσσα και τα ελληνικά έθιμα.
19. Ετοιμαζόμαστε για το ταξίδι μας στην Ελλάδα.
20. Φτάνουμε στην Ελλάδα στα τέλη Ιουλίου.

Notes

ντύνω = I dress (someone)
ντύνομαι = I get dressed
εξετάζω = I examine
εξετάζομαι = I am examined
συνήθως = usually
επισκέπτομαι = I visit
τα έθιμα = customs
το τέλος = end

πανεπιστήμιο = university
παντρεύω = I marry (someone)
παντρεύομαι = I get married
η δουλειά, η εργασία = work
ετοιμάζω = I prepare
ετοιμάζομαι = I get myself ready
φτάνω = I arrive

6 The Present Tense

1.   Expresses Habitual or Repeated action e.g.

Διαβάζω στις οχτώ και τρώγω στις δέκα = I read (study) at eight and have my dinner (I eat) at ten.

2.   A Continuous action:

Τι κάνει ο Πέτρος; Γράφει. = What is Peter doing? He is writing.

3.   The Present Perfect – i.e. an action beginning in the past and continuing into the present.

Είναι δάσκαλος από το 1995 = He has been a teacher since 1995.
Μένει στο Λονδίνο είκοσι χρόνια = He has lived in London for twenty years.

4. *Possibility* –

Αυτό το βιβλίο το τελειώνω σε μια μέρα = I can (could) finish this book in a day.

5. *A wish or an expressed opinion* (usually negative)

Εγώ δεν συμφωνώ =I won't agree
Τέτοια λάθη δεν κάνει = He won't do such mistakes

6. *The Historic Present used instead of the Past tense*

Ξύπνησα ένα πρωί και βλέπω = I woke up one morning and saw

In Greek the Historic Present and the Past Tense are frequently used in the same sentence: Πήγα (past) στην τάξη της, μπαίνω (present) μέσα και βλέπω (present) την κυρία Δημητρίου. Τι κάνεις (present) της λέω (present) μα αυτή δεν μου απάντησε (past).

1. Κάθε μέρα διαβάζω από τις έξι μέχρι τις οκτώ.
2. Η Ελένη ακούει μουσική από τις εφτά μέχρι τις οκτώ.
3. Τα παιδιά παρακολουθούν τηλεόραση κάθε βράδυ.
4. Τι κάνει η γιαγιά; Λέγει μια ιστορία στα εγγόνια της.
5. Τι κάνει ο παππούς; Διαβάζει την εφημερίδα του.
6. Ο Αριστείδης είναι γιατρός από το 1995.
7. Η Δανάη είναι οδοντογιατρός από το 1999.
8. Ο Νικόλας είναι στην Αγγλία από το 1958.
9. Μένει στην Αθήνα δέκα χρόνια τώρα.
10. Μένουν στο χωριό με τους συγγενείς τους.
11. Φεύγουν από το χωριό τον Σεπτέμβριο και πάνε στην πόλη.
12. Η Αντιγόνη γράφει ωραία ποιήματα.

13. Τα παιδιά μαθαίνουν για την αρχαία Ελλάδα.
14. Μαθαίνουν για τον Λεωνίδα και τους 300 Σπαρτιάτες.
15. Μαθαίνουμε για την Κύπρο και την ιστορία της.
16. Ο Σταμάτης επισκέφτεται τον παππού και τη γιαγιά του.
17. Η Χαρούλα μένει στο σπίτι γιατί είναι άρρωστη.
18. Ο πατέρας πηγαίνει στο φαρμακείο για να πάρει φάρμακα.
19. Η μητέρα κάθεται κοντά στο κρεβάτι της κόρης της.
20. Τι κάνει ο Σωκράτης; Πηγαίνει στο Πανεπιστήμιο.

Notes

μέχρι = until
το εγγόνι = grandchild
ο γιατρός = doctor
το ποίημα = poem
τελειώνω = I finish
το φάρμακο = medicine

ακούω = I hear, listen
ο, η οδοντογιατρός = dentist
οι συγγενείς = relations, relativies
αρχαίος, -α, -ο = ancient
άρρωστος, -η, -ο = ill, sick

7 The Use of the Future Tense

The Future Continuous is used when the *future is incomplete or repetitive.*
Θα σου γράφω μια φορά τον μήνα =I shall be writing to you once a month.
Το τρένο θα φτάνει αργά =The train will be arriving late.
The Future Simple is used when the *future action is complete.*
Το τρένο θα φτάσει στις δέκα =The train will arrive at ten.
Το κατάστημα θα ανοίξει τη Δευτέρα στις οκτώ =The shop will open on Monday at eight.

1. Το λεωφορείο για τους Δελφούς θα φύγει στις εφτάμιση.
2. Το τρένο για τη Θεσσαλονίκη θα φύγει στις οκτώμιση.
3. Το αεροπλάνο της Ολυμπιακής θα φτάσει στις πέντε.

4. Η Μαρία και ο Γιώργος θα παντρευτούν τον Οκτώβριο.
5. Η Ελένη θα μείνει στην Κύπρο για τρεις μήνες.
6. Οι τουρίστες θα επισκεφτούν την Ακρόπολη και το Μουσείο.
7. Το καράβι θα φύγει από τον Πειραιά στις εφτά το πρωί.
8. Ο Δημήτρης θα ταξιδέψει με πλοίο γιατί φοβάται τα αεροπλάνα.
9. Ο Γιάννης δεν θα πάει πουθενά γιατί δεν έχει λεφτά.
10. Η Χριστίνα θα περάσει τις διακοπές της στην Κύπρο.
11. Τα Χριστούγεννα τα παιδιά θα πάνε στο χωριό.
12. Ο δάσκαλος θα πάρει εκδρομή τους μαθητές του.
13. Οι τουρίστες θα δούνε την Κόρινθο και την Ολυμπία.
14. Η τράπεζα θα ανοίξει στις οκτώ.
15. Το Σάββατο όλοι θα πάνε στην αγορά για ψώνια.
16. Την Κυριακή θα πάνε σ' ένα ελληνικό γάμο.
17. Ο Νίκος και ο Κώστας θα πάνε στο ποδόσφαιρο.
18. Απόψε θα φάμε στο εστιατόρια και μετά θα πάμε για βόλτα.
19. Οι ξένοι θα αγοράσουν ενθύμια για να πάρουν μαζί τους.
20. Τα μαθήματα θα αρχίσουν τον Σεπτέμβριο και θα τελειώσουν τον Ιούνιο.
21. Θα σας συναντήσω στο ζαχαροπλαστείο στις δέκα.
22. Θα σας συστήσω στην οικογένειά μου.
23. Το καλοκαίρι θα επιστρέψουμε στην Αθήνα.

Notes

οι Δελφοί = Delphi
εφτάμιση = half past seven
το τρένο = train
πουθενά = nowhere
η εκδρομή = excursion, outing
ο γάμος = wedding
το καράβι = the boat, ship

η βόλτα = stroll, ride
οκτώμιση = half past eight
ταξιδεύω = I travel
οι διακοπές = holidays
τα ψώνια = shopping
το ποδόσφαιρο = football
το ενθύμιο = souvenir

συστήνω = I introduce, I recom- επιστρέφω = I return
mend

8 The Use of the Past Tense

Examples:

Πήγαμε στην Ελλάδα το καλοκαίρι = In the summer we went to Greece.

Μείναμε στο χωριό για δύο μήνες = We stayed in the village for two months.

1. Έγραψα ένα γράμμα στη θεία μου.
2. Έστειλα ένα πακέτο στον ξάδελφό μου.
3. Η Βασιλική πέρασε τις εξετάσεις της.
4. Δεν πήγαμε πουθενά την Κυριακή.
5. Διδάχτηκα Ελληνικά και Αγγλικά στο κολέγιο.
6. Τα παιδιά πήγαν εκδρομή σε ένα μοναστήρι.
7. Ο πρόεδρος της Γαλλίας έφτασε στην Αθήνα.
8. Ο πρωθυπουργός της Ελλάδας έφτασε στο Λονδίνο.
9. Το Σάββατο πήγαμε στη θάλασσα για κολύμπι.
10. Την Κυριακή πήγαμε στην εκκλησία.
11. Μετά τις εξετάσεις έφυγε για το χωριό του.
12. Οι Αθηναίοι έφυγαν για τα νησιά.
13. Φάγαμε απίθανα φαγητά στην ταβέρνα.
14. Ήπιαμε και χορέψαμε την Κυριακή το βράδυ.
15. Το Πάσχα όλη η οικογένεια πήγε στο χωριό.
16. Μαζεύτηκαν όλοι στην πλατεία για να ακούσουν την ομιλία.
17. Χτες μαγειρέψαμε μουσακά με μελιτζάνες.
18. Ο Νίκος αγόρασε ένα ποδήλατο.
19. Η Δέσποινα αγόρασε ένα κόκκινο φουστάνι.
20. Δεν έμειναν στο ξενοδοχείο γιατί ήταν ακριβό.

21. Δεν χόρεψαν γιατί δεν τους άρεσε η μουσική.
22. Δεν έστειλαν τα γράμματα γιατί δεν είχαν γραμματόσημα.
23. Διάβασα μια ελληνική και μια αγγλική εφημερίδα.
24. Επισκέφθηκε το αρχαίο θέατρο της Επιδαύρου.
25. Το πρωί ήπιαμε τον καφέ μας και ξεκινήσαμε.

Notes

οι εξετάσεις = examinations
ο πρόεδρος = president
το κολύμπι = swimming
το Πάσχα = Easter
η ομιλία = speech
το φουστάνι, το φόρεμα = dress
το μοναστήρι = monastery

ο πρωθυπουργός = prime minister
απίθανα = excellent
οι μελιτζάνες = aubergines
το γραμματόσημο = stamp
το ποδήλατο = bicycle

9 The Use of the Imperfect

The Greek Imperfect corresponds to the Simple Past or the expression *used to* plus *the infinitive*.

Όταν ήμαστε μαθητές διαβάζαμε δυνατά στην τάξη = We read aloud in the class when we were pupils. Or: We used to read aloud in the class when we were pupils.

The English Imperfect (or Past Continuous) should be confined to the expression of actions happening at the same time with another action expressed in the Simple Past. *Πήγαινα στη Βιβλιοθήκη όταν σε είδα = I was going to the Library when I saw you.*

1. Έγραφα ένα γράμμα όταν μου τηλεφώνησες.
2. Έπινα τον καφέ μου όταν κτύπησε το κουδούνι.
3. Πήγαινα στην αγορά όταν σε συνάντησα.

4. Όταν ήμουν μικρός διάβαζα μυθολογία.
5. Έβγαινα στον κήπο όταν με είδες.
6. Αγόραζα φρούτα και λαχανικά όταν έχασα το πορτοφόλι μου.
7. Έφευγαν από το χωριό τους πολύ λυπημένοι.
8. Ταξίδευαν στο εξωτερικό πάντα με ελληνικά αεροπλάνα.
9. Έμεναν πάντα στο ίδιο ξενοδοχείο.
10. Έτρωγε πάντα το ίδιο φαγητό στο εστιατόριο.
11. Δεν έπινε κάθε βράδυ γιατί σκεφτόταν την υγεία του.
12. Δεν κάπνιζαν γιατί το κάπνισμα καταστρέφει την υγεία.
13. Σπούδαζε γιατρός για έξι χρόνια στην Αγγλία.
14. Κάθονταν στο καφενείο και έπιναν τα αναψυκτικά τους.
15. Από μακριά έβλεπαν και θαύμαζαν τον Παρθενώνα.
16. Παρακολουθούσα το ποδόσφαιρο στην τηλεόραση.
17. Δεν αγόραζε τα λαχανικά από τον μανάβη αλλά από την αγορά.
18. Δεν έτρωγε χοιρινό κρέας γιατί δεν του άρεσε.
19. Της έγραφε κάθε μήνα αλλά αυτή δεν του απαντούσε.
20. Κάθονταν στον κήπο και έπιναν τον καφέ τους.
21. Τα παιδιά μιλούσαν για το ποδόσφαιρο.
22. Τα παιδιά έπαιζαν διάφορα παιχνίδια στην αυλή.
23. Πουλούσε φτηνά καρπούζια και πεπόνια.
24. Γιόρταζαν τα Χριστούγεννα με τους συγγενείς τους.
25. Δεν έστελναν κάρτες για τα Χριστούγεννα, τις έστελναν για την Πρωτοχρονιά.

Notes

χτυπώ = I ring, I strike
συναντώ = I meet
το πορτοφόλι = purse, wallet
εξωτερικό = abroad
η υγεία = health
το αναψυκτικό = soft drink

το χοιρινό = pork
το καρπούζι = watermelon
το κουδούνι = bell
η μυθολογία = mythology
λυπημένος, η, ο = sad
σκέφτομαι = I think

σπουδάζω = I study   το παιχνίδι = game
θαυμάζω = I admire   το πεπόνι = melon
το κρέας = meat

10 The Subjunctive

This is introduced by για να = to, in order to, so as to, followed by the infinitive; or so that, in order that followed by may, might, can, could, will, shall or should plus an infinitive. The negative is: για να μη(ν).

Πήγε στην Αγγλία για να σπουδάσει φιλολογία = He went to England (in order) to study Literature.
Αγόρασε μια μπάλα για να παίζει ποδόσφαιρο με τον φίλο του = He bought a ball so that he may play football with his friend.

1. Ο Νίκος σηκώθηκε για να καθίσει ο θείος του.
2. Η Ελένη πήγε στα καταστήματα για να ψωνίσει.
3. Ο πατέρας και η μητέρα πήγαν στο νοσοκομείο για να δουν την γιαγιά.
4. Τα παιδιά θα πάνε στο πάρκο για να δούνε την λίμνη και τις πάπιες.
5. Θα πάνε στην Κύπρο για να δούνε τους συγγενείς τους.
6. Θα έρθει στο Λονδίνο για να κάνει εγχείριση.
7. Πήγαμε στην Κρήτη για να θαυμάσουμε τις ομορφιές του νησιού.
8. Δεν πήγε στο λιμάνι για να πάει στη Ρόδο, πήγε στο αεροδρόμιο.
9. Πήγαν στην τράπεζα για να αλλάξουν τα λεφτά τους.
10. Έμεινες στο ξενοδοχείο για να ξεκουραστείς.
11. Έφυγε νωρίς για να προφτάσει το λεωφορείο.
12. Ο Σωτήρης διάβαζε πολύ για να περάσει τις εξετάσεις του.

13. Πήγε στο Παρίσι για να δει τα αξιοθέατα.
14. Δεν πήγε στο ταχυδρομείο γιατί ήταν κλειστό.
15. Δεν ήρθε για διακοπές, ήρθε για να δει το γιατρό.
16. Οι τουρίστες πάνε στην Ελλάδα για να απολαύσουν τον ήλιο και τη θάλασσα.
17. Δεν πήγαν στο εστιατόριο, πήγαν στην ταβέρνα.
18. Γράψαμε ένα γράμμα για να τους ευχαριστήσουμε για τη φιλοξενία τους.
19. Πήγε στο γραφείο για να αποχαιρετήσει τους συνάδελφούς της.
20. Δεν πήγες στο σινεμά για να δεις αυτή την ωραία ταινία;
21. Πήγε στον Πειραιά για να πάρει το βαπόρι.
22. Πήγαν στο Ελληνικό σχολείο για να μάθουν Ελληνικά.
23. Διαβάζαμε την εφημερίδα για να μάθουμε τα νέα.
24. Δούλευε σκληρά για να βγάλει το ψωμί των παιδιών του.
25. Πήγατε στο εξωτερικό για να σπουδάσετε.

Notes

το κατάστημα = shop	ψωνίζω = I shop
το νοσοκομείο = hospital	το πάρκο = park
η λίμνη = pond, lake	η εγχείριση = operation
το λιμάνι = port, harbour	το αεροδρόμιο = airport
ξεκουράζομαι = I rest	προφταίνω = to catch (up with)
τα αξιοθέατα = the sights	ξοδεύω = I spend
απολαμβάνω = I enjoy	η φιλοξενία = hospitality
η ταινία = film	συνάδελφος, -η = colleague
η πάπια = duck	το βαπόρι = ship

11 The Use of the Present Perfect and Past Perfect

The Present Perfect is formed by adding the auxiliary verb έχω = I have, in front of the verb. The Past Perfect is similarly formed but using the past tense of the verb, i.e. είχα = I had.

Examples

Έχω γράψει στον Πρόεδρο = I have writen to the President
Είχα στείλει ένα τηλεγράφημα = I had sent a telegram

1. Έχουμε στείλει τα παιδιά στο χωριό.
2. Έχουν πάει στο θέατρο της Επιδαύρου.
3. Έχει πάει να δει τον παππού και τη γιαγιά της.
4. Ελπίζω να σας έχει αρέσει το φαγητό.
5. Μήπως έχετε πενήντα ευρώ παρακαλώ;
6. Έχεις πάει στην Ολυμπία με τρένο ή με λεωφορείο;
7. Έχουμε μείνει πολύ ευχαριστημένοι από το ταξίδι μας.
8. Χθες το βράδυ είχαμε φάει μουσακά και σαλάτα.
9. Το Σάββατο είχατε πιεί ρετσίνα αλλά δεν σας άρεσε.
10. Την Κυριακή όλοι είχαν πάει στην εκκλησία.
11. Έχω γράψει είκοσι κάρτες σήμερα.
12. Είχα στείλει τις κάρτες από το κεντρικό ταχυδρομείο.
13. Έχετε πάρει το γράμμα και την κάρτα μου;
14. Ο κρεοπώλης έχει ακριβώσει το κρέας του.
15. Ο μανάβης είχε πουλήσει όλα τα φρούτα του.
16. Η Μαρία είχε ράψει ένα ωραιότατο φόρεμα.
17. Τα παιδιά είχαν πάει εκδρομή με το δάσκαλό τους.
18. Έχετε διαβάσει το μυθιστόρημα «Αλέξης Ζορμπάς»;
19. Είχαμε αλλάξει εκατό λίρες αλλά τις είχαμε ξοδέψει.
20. Έχουμε να δούμε πολλά μέρη της Ελλάδας.
21. Έχετε πάει στο Πανεπιστήμιο; Τι σπουδάσατε;
22. Έχετε πάει στην Αγγλία; Τι σας έχει αρέσει;
23. Είχα φάει κοτόπουλο αλλά δεν είχα πιεί τίποτα.
24. Γιώργο έχεις πιει τον καφέ σου; Έχουμε μεγάλο ταξίδι.
25. Από πού έχεις πάρει την τσάντα σου; Είναι ωραία.

Notes

το ταξίδι = journey
ράβω = I sew

το μυθιστόρημα = novel
η τσάντα = handbag

κεντρικός, ή, ό = central   τα μέρη = places, parts
ακριβαίνω = raise the price   ο κρεοπώλης = butcher

12 The Use of Interrogative Adverbs

These are words which are used at the beginning of the sentence and they introduce questions.

Ποιος; (M) = Who?	Πότε; = When?
Ποια; (F) = Who?	Πού; = Where?
Ποιο; (N) = Which?	Γιατί; = Why?
Ποιον; Ποια; = Whom?	Μήπως; = By any chance?
Πώς; = How?	Τίνος; = Whose?
Τι; = What?	Πόσο; = How much?

Note: The words πώς and πού with an accent introduce a question. Without the accent they are conjunctions and mean "that".

1. Ποιον είδες την περασμένη Πέμπτη στο κολέγιο;
2. Ποιος πήγε στο πάρκο την Κυριακή;
3. Γιατί δεν ήρθε η Χριστίνα το Σάββατο;
4. Ποιο αυτοκίνητο σας αρέσει, το κόκκινο ή το άσπρο;
5. Ποια είναι εκείνη η κυρία με το κόκκινο φουστάνι;
6. Μήπως αυτός ο κύριος είναι Έλληνας;
7. Πότε θα γυρίσετε στην Κύπρο; Όλοι σας περιμένουν.
8. Πού θα μένετε στην Κρήτη; Στο Ηράκλειο ή στα Χανιά;
9. Ποιος θέλει αυτό το καρπούζι, είναι μόνο πέντε ευρώ.
10. Πόσο κάνει το εισιτήριο;

11. Τι θα πιούμε απόψε, λίγο ουζάκι ή ρετσίνα;
12. Γιατί φόρεσες αυτά τα ρούχα, θα σκάσεις απ' τη ζέστη.
13. Γιατί θέλετε να πάτε στο χωριό, έχετε συγγενείς εκεί;
14. Πώς θα πάτε στη Ρόδο, με πλοίο ή με αεροπλάνο;
15. Από πού αγοράσατε αυτό το πανταλόνι;
16. Πότε θα έρθουν οι ξένοι μας; Τους περιμένουμε μια ώρα.
17. Μήπως χάλασε το αυτοκίνητό τους; Ας τους πάρω τηλέφωνο.
18. Τι σας αρέσει πιο πολύ το κονιάκ ή το κρασί;
19. Τι θα δείτε στην τηλεόραση απόψε;
20. Ποιος θα κερδίσει τον αγώνα, ο Παναθηναϊκός ή ο Ολυμπιακός;
21. Πόσο ακρίβωσε το κρέας φέτος; Πόσο πάει το μοσχαρίσιο;
22. Τίνος είναι αυτό το ποδήλατο, είναι του Μάρκου ή του Πέτρου;
23. Πώς το λένε αυτό το ποτάμι; Γιατί δεν έχει νερό;
24. Πώς το λένε αυτό το βουνό; Μήπως είναι ο Όλυμπος;
25. Ποια ήταν η θεά της ομορφιάς στην Ελληνική μυθολογία;

Notes

το εισιτήριο = ticket
η ζέστη = heat
το ποτάμι = river
η θεά = the goddess

σκάω (σκάζω) = to burst, too hot
ο αγώνας = match, contest
το βουνό = mountain
το μοσχαρίσιο = veal

13 The Use of the Imperative

The Imperative is used in commands, demands or requests.

Examples

Στείλε τον Γιάννη στο γραφείο αμέσως = Send John to the office immediately.

Αύριο να φέρεις ένα γράμμα από τον πατέρα σου = Tomorrow you must bring a letter from your father.

1. Να έρθετε όλοι το Σάββατο στις οκτώ.
2. Να γράψετε όλοι μια έκθεση για την Κύπρο.
3. Στείλε μου μια κάρτα από την Ελλάδα.
4. Να μου φέρεις ένα μπουκάλι ούζο όταν γυρίσεις.
5. Να στείλετε τα παιδιά σας στο ελληνικό σχολείο.
6. Πρέπει να μάθετε τα Ελληνικά γιατί είναι η γλώσσα μας.
7. Να στείλεις το καρπούζι με τον Χρίστο.
8. Πρέπει να αλλάξεις τα λεφτά σου στην τράπεζα.
9. Μην ξοδεύεις άδικα τα λεφτά σου.
10. Να διαβάζετε κάθε μέρα για να περάσετε τις εξετάσεις σας.
11. Να πηγαίνετε τακτικά στην Κύπρο και στην Ελλάδα.
12. Πρέπει να μάθετε ελληνικούς χορούς.
13. Δεν πρέπει να ξεχνάμε τα έθιμά μας.
14. Να πηγαίνετε στην εκκλησία τακτικά.
15. Να θυμάστε τους συγγενείς και φίλους σας.
16. Μη κόβετε τα λουλούδια, είναι τόσο όμορφα.
17. Μη καπνίζετε γιατί κάνει κακό στην υγεία σας.
18. Να μας φέρετε δυο πορτοκαλάδες και δυο λεμονάδες.
19. Δεν σας αρέσει ο καφές; Να σας φέρω ένα αναψυκτικό;
20. Μη φάτε σήμερα γιατί απόψε θα πάμε σε μεγάλη διασκέδαση.
21. Να μου τηλεφωνήσεις αύριο το πρωί για να ξέρω.
22. Πρέπει να επισκεφτείτε την Ακρόπολη και τα άλλα αξιοθέατα.

23. Να πάτε στην αγορά, θα δείτε πολλά πράγματα που θα σας αρέσουν.
24. Μην ξεχάσεις να πάρεις το διαβατήριο μαζί σου.
25. Να θυμάστε να μελετάτε τα έθιμα, τη γλώσσα και τις παραδόσεις μας.

Notes

η έκθεση = essay
τακτικά = regularly
κόβω = I cut
το αναψυκτικό = soft drink
το διαβατήριο = passport

άδικα = unjustly
τα έθιμα = customs
κάνει κακό = It is bad, harmful
η διασκέδαση = entertainment
η παράδοση = tradition

14 Comparison of Adjectives

There are three types (degrees) of Adjectives: Positive, Comparative and Superlative.

Examples

ψηλός – ψηλότερος – ψηλότατος (πιο ψηλός) = tall, taller, tallest
καλός – καλύτερος – κάλλιστος (πιο καλός) = good, better, best

1. Το ελληνικό τυρί δεν είναι ακριβότερο από το αγγλικό.
2. Ο γαλλικός καφές είναι πιο ωραίος από τον ελληνικό.
3. Ο Γιάννης είναι έξυπνος αλλά ο Κώστας είναι εξυπνότερος.
4. Ο Τάμεσης είναι μικρότερος από τον Νείλο.
5. Το Λονδίνο είναι μεγαλύτερη πόλη από την Αθήνα.
6. Τα μήλα δεν είναι ακριβότερα από τα κεράσια.
7. Το πεύκο είναι πιο πράσινο από την ελιά.

8. Ο ελληνικός ουρανός είναι πιο γαλανός από τον αγγλικό.
9. Η ταβέρνα του Νίκου είναι φτηνή αλλά του Δημήτρη είναι φτηνότερη.
10. Τα φρούτα στην λαϊκή είναι φτηνότερα από τα φρούτα του μανάβη.
11. Η μεταξωτή γραβάτα είναι ακριβότερη.
12. Το αυτοκίνητο Μερσεντές είναι το ακριβότερο στην αγορά.
13. Ο Όλυμπος δεν είναι το ψηλότερο βουνό στον κόσμο.
14. Αυτή η εφημερίδα είναι πλουσιότερη σε ειδήσεις.
15. Ο Φοίβος είχε τους χαμηλότερους βαθμούς στα μαθήματά του.
16. Η Δέσπω είναι ψηλή κοπέλα αλλά η Άννα είναι ψηλότερη.
17. Ο Άριστος είναι ο πιο έξυπνος μαθητής στην τάξη του.
18. Η Έλλη είναι η καλύτερη στην Ιστορία και η Αθηνά στις γλώσσες.
19. Ο Χριστόφορος είναι ο καλύτερος ποδοσφαιριστής στην ομάδα του.
20. Τα ξενοδοχεία πρώτης κατηγορίας είναι ακριβότερα.
21. Ο Καζαντζάκης είναι ο πιο γνωστός Έλληνας συγγραφέας.
22. Ο Σεφέρης θεωρείται ένας από τους μεγαλύτερους ποιητές της Ελλάδας.
23. Ο Βενιζέλος ήταν ένας μεγάλος πολιτικός.
24. Οι Έλληνες στα χωριά και στα νησιά είναι πολύ φιλόξενοι.
25. Στην Ελλάδα γιορτάζουν το Πάσχα καλύτερα από τα Χριστούγεννα.

Notes

έξυπνος, η, ο = clever   ο Νείλος = Nile

το πεύκο = pine tree
ο ουρανός = sky
μεταξωτός, ή, ό = made of silk
χαμηλός, ή, ό = low
η ομάδα = team, group
η κατηγορία = category, class
γνωστός, ή, ό = known
θεωρώ = I consider
ο Τάμεσης = Thames

τα κεράσια = cherries
η ελιά = olive tree
η λαϊκή = street market
οι ειδήσεις = news
ο ποδοσφαιριστής = footballer
ο συγγραφέας = author
γιορτάζω = celebrate
ο ποιητής = poet

GENERAL EXERCISES

15

Το καλοκαίρι πήγα στην Ελλάδα. Έφτασα στο αεροδρόμιο της Αθήνας το πρωί. Πήρα ένα ταξί και πήγα στο ξενοδοχείο. Το ξενοδοχείο ήταν στο κέντρο της πόλης. Η Αθήνα είναι πολύ όμορφη πόλη. Εκεί είναι η Ακρόπολη με τον Παρθενώνα. Από την Ακρόπολη ένας μπορεί να δει όλη την πόλη. Εκεί είναι πολλοί τουρίστες από πολλές χώρες. Οι ξένοι έρχονται να θαυμάσουν τα αρχαία μνημεία και να γνωρίσουν τους Έλληνες. Έμεινα στην Αθήνα για μια βδομάδα, μετά πήγα στα νησιά. Τα σπίτια στα νησιά είναι κατάλευκα και ο κόσμος πολύ φιλόξενος. Το πρωί πήγαινα στην θάλασσα και έκανα κολύμπι. Το μεσημέρι πήγαινα σε μια ταβέρνα και έτρωγα το φαγητό μου. Τα ελληνικά φαγητά είναι εύγεστα. Κάποτε έπινα ρετσίνα και κάποτε μπίρα. Όταν γύρισα στο Λονδίνο ο ουρανός ήταν συννεφιασμένος και έβρεχε.

Notes

αρχαίος, α, ο = ancient
το μνημείο = monument
κατάλευκος, η, ο = very white
απολαμβάνω = I enjoy
φιλόξενος = hospitable

εύγεστος, η, ο = tasty, delicious
το κολύμπι = swimming
συννεφιασμένος, η, ο = cloudy
η βροχή = rain

16

Τα Χριστούγεννα είναι μια όμορφη γιορτή. Τα παιδιά περιμένουν τα Χριστούγεννα με μεγάλη χαρά. Στα σπίτια στολίζουν το Χριστουγεννιάτικο δέντρο. Τη μέρα των Χριστουγέννων όλοι πάνε στην εκκλησία. Μετά όλη η οικογένεια γιορτάζει στο σπίτι. Έρχονται πολλοί συγγενείς και φίλοι. Όλοι δίνουν δώρα στα παιδιά και στους μεγάλους. Όλοι λένε «Χρόνια Πολλά». Μετά τρώνε τη γαλοπούλα και άλλα φαγητά που ετοίμασε η οικογένεια. Όλοι νιώθουν χαρούμενοι και τραγουδάνε. Άλλοι παρακολουθάνε τα ωραία προγράμματα στην τηλεόραση. Τα παιδιά ανοίγουν τα δώρα τους και παίζουν με τα παιχνίδια τους. Τα Χριστούγεννα είναι η μέρα της χαράς.

Notes

η γιορτή = celebration	η γαλοπούλα = turkey
η χαρά = joy	νιώθω = I feel
στολίζω = I decorate	το παιχνίδι = toy, game
το δώρο = present	παρακολουθώ = I watch
χρόνια πολλά = Happy New Year	

17

Ο Στέλιος, ο Νίκος και η Δέσποινα ψάχνουν για δουλειά. Ο Στέλιος είναι πολύ καλός τεχνίτης. Είναι μηχανικός στα αυτοκίνητα. Η Δέσποινα είναι νοσοκόμα και ο Νίκος, ο πιο μικρός, θέλει να δουλέψει σε εργοστάσιο, ως εργάτης. Κοιτάζουν τις μικρές αγγελίες της εφημερίδας με την ελπίδα να βρουν δουλειά. Ευτυχώς βρήκαν.

Ο Στέλιος πήγε σ' ένα συνεργείο αυτοκινήτων, ο Νίκος σ' ένα εργοστάσιο πλαστικών και η Μαρία σε μια κλινική της Αθήνας.

Οι μισθοί τους είναι ικανοποιητικοί, έχουν μόνο πέντε μέρες δουλειά και το Σαββατοκύριακο ελεύθερο για διασκέδαση και ξεκούραση.

Notes

ψάχνω = I look for, search	η αγγελία = advertisement
ο τεχνίτης = craftsman	το συνεργείο = garage
η νοσοκόμα = nurse	ο μισθός = salary
το εργοστάσιο = factory	ικανοποιητικός, ή, ό = satisfactory

18

Ο Κώστας έφυγε από την Ελλάδα όταν ήταν δεκαοκτώ χρονών. Πήγε στην Αγγλία για να δουλέψει, πριν τριάντα χρόνια. Έφυγε από το χωριό του γιατί δεν είχε δουλειά. Δούλευε για τριάντα χρόνια σ' ένα ελληνικό εστιατόριο του Λονδίνου. Τώρα είναι παντρεμένος και έχει τρία παιδιά δύο αγόρια και ένα κορίτσι. Τα παιδιά του πάνε στο αγγλικό σχολείο την ημέρα και στο ελληνικό σχολείο, το Σάββατο. Το πρώτο του παιδί σπουδάζει στο Πανεπιστήμιο. Θέλει να γίνει γιατρός.

Οι γονείς του Κώστα έχουν πεθάνει. Πολλές φορές σκέφτεται να γυρίσει στην πατρίδα του, στο χωριό του. Θέλει όμως πρώτα να τελειώσουν τα παιδιά τις σπουδές τους και μετά να γυρίσει. Πάντα θυμάται το χωριό του, τους συγγενείς και τους φίλους του και νιώθει μεγάλη νοσταλγία για την Ελλάδα.

Notes

η πατρίδα = homeland
νιώθω = I feel

η νοσταλγία = longing
το πανεπιστήμιο = university

19

Ο Ρήγας Φερραίος ήταν δάσκαλος. Γεννήθηκε στο Βελεστίνο της Θεσσαλίας το 1757. Σπούδασε στη Ζαγορά του Πηλίου. Αγαπούσε πολύ την Ελλάδα και ήθελε να την δει ελεύθερη. Όπου πήγαινε μιλούσε για την σκλαβωμένη πατρίδα του. Έμαθε και ξένες γλώσσες. Έγραψε ποιήματα. Ταξίδεψε στο Βουκουρέστι και στη Βιέννη. Η αυστριακή αστυνομία τον έπιασε με εφτά συντρόφους του. Τον κατηγόρησαν πως προετοιμάζει επανάσταση. Η αυστριακή κυβέρνηση τον παρέδωσε στον Τούρκο πασά του Βελιγραδίου. Ο πασάς τον θανάτωσε με στραγγαλισμό τον Μάιο του 1798.

Notes

σκλαβωμένος, η, ο = enslaved
αυστριακός, η, ο = Austrian
ο σύντροφος = comrade, colleague
κατηγορώ = I accuse
πιάνω (συλλαμβάνω) = I arrest

η επανάσταση = revolution, rebellion
ο πασάς = Pasha
στραγγαλίζω = I strangle
το Βουκουρέστι = Bucharest

20

Ο Διονύσιος Σολωμός ήταν ένας Έλληνας ποιητής. Γεννήθηκε στη Ζάκυνθο το 1798. Όταν μεγάλωσε πήγε στην Ιταλία για να σπουδάσει. Σπούδασε Νομικά αλλά δεν δούλεψε σαν δικηγόρος. Ο πατέρας του ήταν ο Νικόλαος Σολωμός και όταν πέθανε του άφησε μεγάλη περιουσία. Όταν γύρισε στη Ζάκυνθο ο Σολωμός ήξερε θαυμάσια τα Ιταλικά και πολύ λίγο τα Ελληνικά. Σιγά, σιγά έμαθε τα Ελληνικά και έγραψε το πρώτο του ποίημα την «Ξανθούλα». Στα 1821 άρχισε η ελληνική επανάσταση. Λίγο πιο ύστερα ο Σολωμός έγραψε τον «Ύμνο στην Ελευθερία». Έγραψε επίσης πολλά άλλα ποιήματα και θεωρείται σήμερα ο εθνικός ποιητής της Ελλάδας. Πέθανε στην Κέρκυρα στα 1857.

Notes

ο ποιητής = poet
τα νομικά = law
ο δικηγόρος = lawyer
ο ύμνος = hymn

η περιουσία = property, wealth
θεωρείται = is considered
εθνικός, ή, ό = national, ethnic
η επανάσταση = revolution

21

Στα πολύ παλιά χρόνια ζούσανε στο χωριό μας δυο καλοί άνθρωποι. Ψέματα δε λέγανε. Τον ένα τον λέγανε Μανώλη και τον άλλο Γιώργη. Ο Μανώλης έγινε πολύ φτωχός. Είχε ένα χωράφι και το πούλησε. Πήγε και βρήκε τον άλλο καλό άνθρωπο, το Γιώργη, και του λέει: Πάρε το χωράφι γιατί δεν έχω λεφτά.

Πέρασε το καλοκαίρι. Ο Γιώργης άρχισε να δουλεύει στο καινούριο του χωράφι. Μια μέρα βρήκε στο χωράφι ένα πιθάρι. Το πιθάρι ήταν γεμάτο από λεφτά. Ο Γιώργης πήγε και βρήκε τον Μανώλη και του είπε να έρθει στο χωράφι να πάρει τα λεφτά. Ο Μανώλης όμως δεν ήθελε να πάρει τα λεφτά γιατί το χωράφι το είχε πουλήσει. Στο τέλος συμφώνησαν να παντρέψουν τα παιδιά τους. Ο γιος του Μανώλη παντρεύτηκε την κόρη του Γιώργη. Έγινε μεγάλος γάμος στο χωριό. Τους έδωσαν και το πιθάρι με τα λεφτά και έζησαν όλοι ευτυχισμένοι.

Notes

το ψέμα = lie	το πιθάρι = jar (earthenware)
ο φτωχός = poor	συμφωνώ = I agree
το χωράφι = field	ο γάμος = wedding

22

Φτάσαμε στο θέατρο της οδού Ακαδημίας δέκα λεπτά πριν αρχίσει η παράσταση. Αφού πήραμε εισιτήρια, κατεβήκαμε στη μεγάλη αίθουσα. Το θέατρο ήταν γεμάτο κι ακούγονταν οι φωνές των παιδιών, που αδημονούσαν. Τα παιδιά δεν είναι σαν τους μεγάλους· δεν πειθαρχούν εύκολα, δεν ξέρουν τι σημαίνει ησυχία και τάξη. Οι ταξιθέτριες προσπαθούν να δώσουν στον καθένα τη θέση του, αλλά δύσκολα τα κατάφερναν. Ο πατέρας μου έδειξε τα εισιτήρια και μας οδήγησαν στις θέσεις μας. Μόλις καθίσαμε, χωρίς να προλάβω καλά-καλά να περιεργαστώ το χώρο, ακούστηκε ένας χαρακτηριστικός ήχος, αν θυμάμαι σωστά ήταν κάποιο ξυπνητήρι που χτυπούσε δυνατά και έσβησαν τα φώτα.

Notes

η παράσταση = performance
αδημονώ = be anxiously impatient
η πειθαρχία = discipline
η τάξη = order (class)

η ταξιθέτρια = usherette
περιεργάζομαι = examine, investigate, scrutinize
ο ήχος = sound
το ξυπνητήρι = alarm clock

23

Σήμερα είναι του Αγίου Κωνσταντίνου και της Αγίας Ελένης. Με λένε Ελένη και γιορτάζω, γι' αυτό δεν πήγα σήμερα στο γραφείο μου· ο διευθυντής μου, μου έδωσε άδεια από χτες.

Το πρωί με ξύπνησε η μητέρα μου, φέρνοντάς μου στο κρεβάτι το πρωϊνό μου. Στα πόδια του κρεβατιού είδα τρία πακέτα ωραία δεμένα. Το ένα το μεγαλύτερο είχε μια μπλούζα μεταξωτή πράσινη, δώρο της μαμάς μου, το άλλο, δυο μεγάλα βιβλία Τέχνης που τόσο επιθυμούσα, δώρο του αδερφού μου και το τρίτο, ένα δαχτυλίδι με μια θαλασσιά πέτρα από τον πατέρα μου.

Σε λίγο ο ταχυδρόμος μου έφερε γράμματα και τηλεγραφήματα από συγγενείς και φίλους που μου έστειλαν τις ευχές τους. Άλλοι συγγενείς και φίλοι μου τηλεφώνησαν για να μου πουν χρόνια πολλά. Το βράδυ κάλεσα πολλούς νέους και νέες, γνωστούς και φίλους στο πάρτυ μου.

Notes

ο άγιος, η αγία = saint
ο διευθυντής = manager
η άδεια = permission (day off)
δεμένος, η, ο = tied up

μεταξωτός, ή, ό = silk
θαλασσής, ιά = sea-blue
η ευχή = wish
η τέχνη = art

24

Λένε ότι ο Αρίων, που έμενε τον περισσότερο καιρό στο παλάτι του Περίανδρου, θέλησε να ταξιδέψει στην Ιταλία και τη Σικελία. Εκεί εργάστηκε, έκαμε πολλά χρήματα και είπε να γυρίσει πίσω στην Κόρινθο. Έφυγε λοιπόν από την Ιταλία, αλλά επειδή δεν είχε εμπιστοσύνη παρά μόνο στους Κορινθίους, πήρε ένα κορινθιακό καράβι. Στο ταξίδι όμως οι Κορίνθιοι είπαν να πετάξουν τον Αρίωνα στη θάλασσα για να πάρουν τα χρήματά του. Ο Αρίων κατάλαβε το σκοπό τους και τους παρακάλεσε να του χαρίσουν τη ζωή και να τους δώσει όλα όσα είχε. Δεν κατόρθωσε να τους πείσει και οι ναύτες τον διέταξαν να πηδήσει αμέσως στη θάλασσα. Ο Αρίων τους ζήτησε μια τελευταία χάρη: να τραγουδήσει για τελευταία φορά φορώντας τα καλύτερά του ρούχα.

Notes

το παλάτι = palace, court	κατορθώνω = succeed
η Σικελία = Sicily	πείθω = I persuade, convince
η εμπιστοσύνη = trust, faith	ο ναύτης = sailor
ο σκοπός = aim, intention	χαρίζω = to spare (his life)

25

Στην Αγγλία ζούνε σήμερα γύρω στις 300,000 Έλληνες. Οι περισσότεροι είναι από την Κύπρο που ήρθαν κατά τη δεκαετία του 1950. Φυσικά υπήρχαν Έλληνες στην Αγγλία πολύ πιο πριν αλλά ήταν πολύ λίγοι. Οι πρώτοι Έλληνες μετανάστες ζούσαν και δούλευαν κοντά στο κεντρικό Λονδίνο. Σήμερα οι περισσότεροι Ελλαδίτες ζούνε στη δυτική περιοχή του Λονδίνου και οι περισσότεροι Κύπριοι στο βόρειο Λονδίνο.

Οι Έλληνες είναι εργατικοί και δημιουργικοί άνθρωποι. Πολλοί που ήρθαν στην Αγγλία ήταν φτωχοί και συνάντησαν πολλές δυσκολίες, ιδιαίτερα με τη γλώσσα, με την εξεύρεση δουλειάς, διαμονής κλπ. Τα κατάφεραν όμως και σήμερα οι περισσότεροι έχουν το δικό τους σπίτι και μερικοί τη δική τους επιχείρηση. Έχουν δημιουργήσει σήμερα πολλές ελληνικές εκκλησίες και σχολεία όχι μόνο στο Λονδίνο αλλά και σε πολλές άλλες πόλεις της Αγγλίας. Είναι λοιπόν, άξιοι επαίνου.

Notes

ο μετανάστης = immigrant
η περιοχή = area, district
εργατικός, ή, ό = hard working
δημιουργικός, ή, ό = creative

η δυσκολία = hardship, difficulty
η διαμονή = accommodation
η επιχείρηση = business
άξιος επαίνου = praiseworthy

26

Ο Πεσταλότσι ήταν δάσκαλος. Γεννήθηκε στη Ζυρίχη της Ελβετίας το 1746. Ο πατέρας του ήταν γιατρός, μα πέθανε πολύ νωρίς όταν ο Ιωάννης Ερρίκος ήταν μόλις έξι χρονών. Έμεινε με τη μητέρα του, που του φύτεψε μες στην καρδιά το πιο ευγενικό κι ανώτερο αίσθημα: Ν' αγαπά τους συνανθρώπους του και να θυσιάζει τον εαυτό του για τους άλλους.

Αργότερα, όταν μεγάλωσε, αν κι ο ίδιος ήταν φτωχός, πήγε σε μια γειτονική κωμόπολη, κι άνοιξε άσυλο για τα φτωχά παιδιά. «Ας τρεφόμουν μόνο με νερό, έλεγε, για να δώσω στα φτωχά παιδιά το γάλα που έχουν ανάγκη». Είχε καταφέρει να μαζέψει ογδόντα ως εκατό παιδιά. Τα έντυνε, τα τάιζε και προσπαθούσε να τα μορφώσει. «Έζησα σαν ζητιάνος, για να μάθω στους ζητιάνους να ζουν σαν άνθρωποι», έλεγε αργότερα.

Notes

η Ελβετία = Switzerland
φυτεύω = I plant, implant, cultivate
ευγενικός, ή, ό = polite, kind
συνάνθρωπος = fellow human
θυσιάζω = I sacrifice

η κωμόπολη = small town
το άσυλο = a refuge (a home)
τρέφομαι = I feed myself
η ανάγκη = need, necessity
ο ζητιάνος = beggar

27

Είναι δύο χρόνια που αγοράσαμε ένα διαμέρισμα σε μια πολυκατοικία με έξι πατώματα, στο κέντρο της πόλης. Στο ισόγειο υπάρχουν πολλά μαγαζιά: ένα καφενείο, ένα ανθοπωλείο, ένα καθαριστήριο, ένα χασάπικο και ένα μανάβικο. Το διαμέρισμά μας που είναι στον πέμπτο όροφο, δεν είναι πολύ μεγάλο, τα δωμάτια του δεν είναι πολύ ευρύχωρα, όμως είναι πολύ χαριτωμένο. Από την πόρτα της εισόδου όταν μπούμε στο χωλ, βλέπουμε το σαλόνι και την τραπεζαρία. Ένας μακρύς διάδρομος οδηγεί στην κουζίνα και το λουτρό και στο βάθος είναι οι κρεβατοκάμαρες.

Η αδερφή μου κάθεται στο πατρικό μας σπίτι, σ' ένα προάστειο της Αθήνας, μια παλιά μονοκατοικία διώροφη, με μεγάλα δωμάτια, μέσα σ' ένα απέραντο κήπο με δέντρα και λουλούδια.

Notes

το διαμέρισμα = apartment
η πολυκατοικία = block of flats
το ισόγειο = ground floor
το ανθοπωλείο = florist
ευρύχωρος = spacious, roomy

το καθαριστήριο = dry cleaners
το χασάπικο = butcher's shop
το πατρικό σπίτι = family house
το προάστειο = suburb
ο όροφος = floor, storey

28

Το περασμένο Σαββατοκύριακο το περάσαμε μαζί με τον παππού και τη γιαγιά στο σπίτι τους, στο χωριό. Τα γεροντάκια περίμεναν με χαρά αυτή μας την επίσκεψη. Τέσσερα παιδιά κάνανε, και τα τέσσερα παντρεύτηκαν μακριά τους, κι αυτοί μείνανε με συντροφιά μοναδική τα ζώα και το περιβόλι τους και τα γερατειά. Για αυτό κι όποτε πηγαίνουμε, το σπίτι έχει γιορτή. Έτσι κι αυτή τη φορά. Η γιαγιά έβγαλε το καλό σερβίτσιο, μαγείρεψε τη σπεσιαλιτέ της κι έψησε γλυκό «για τα παιδιά» όπως είπε. Ο παππούς μας πήγε βόλτα στα περιβόλια, μας έκοψε φρέσκα φρούτα και μας διηγήθηκε ιστορίες του πολέμου. Τα μάτια και των δυο ήταν διαρκώς καρφωμένα πάνω μας, γεμάτα αγάπη. Είχαν μεγάλη χαρά, που μας είχαν κοντά τους, που χαιρόμαστε την παρέα τους, που συζητούσαμε με ζωηρό ενδιαφέρον πράγματα καθημερινά για αυτούς – τα δέντρα, τα λουλούδια, τα κουτσομπολιά του χωριού. Κι όταν την Κυριακή το απόγευμα ξεκινήσαμε για την Αθήνα, τα μάτια όλων μας γέμισαν δάκρυα.

Notes

το γεροντάκι = old person
η επίσκεψη = visit
η συντροφιά = company
τα γερατειά = old age
η βόλτα = stroll, walk
το σερβίτσιο = set of plates

διηγούμαι = I tell, narrate
καρφωμένος, η, ο = fixed, nailed
το κουτσομπολιό = gossip
το δάκρυ = tear
μοναδικός (μόνο) = only
το περιβόλι = orchard

29

Η Ελλάδα είναι μια πολύ όμορφη χώρα με πληθυσμό σχεδόν έντεκα εκατομμύρια. Δεν είναι πλούσια χώρα, γιατί είναι κυρίως ορεινή. Η γεωργία όσο και η βιομηχανία της, συνεχώς αναπτύσσεται. Πρωτεύουσα της Ελλάδας είναι η Αθήνα. Στην Αθήνα βρίσκεται η Ακρόπολη με τον Παρθενώνα και άλλα αξιοθέατα. Εκεί διεξάγεται το περισσότερο εμπόριο της χώρας. Οι άλλες μεγάλες πόλεις είναι η Θεσσαλονίκη και ο Πειραιάς.

Η Ελλάδα έχει περίπου 2.000 νησιά. Μεγάλα νησιά είναι η Κρήτη, η Εύβοια, η Ρόδος, η Λέσβος, η Κέρκυρα, η Κεφαλονιά και άλλα.

Οι Έλληνες είναι ένας φιλόξενος λαός. Τους αρέσει επίσης η διασκέδαση. Πολλοί γλεντούν στις ταβέρνες. Τους αρέσει πολύ το μπουζούκι. Αυτό το όργανο το έφεραν οι Έλληνες από την Μικρή Ασία μετά τον πόλεμο του 1922. Στην αρχή, το μπουζούκι δεν ήταν πολύ γνωστό. Σιγά-σιγά, η μουσική και τα τραγούδια του Βαμβακάρη, του Τσιτσάνη, του Χατζηδάκη και του Θεοδωράκη, το έκαναν γνωστό στην Ελλάδα και σε πολλές χώρες του κόσμου.

Σήμερα, δεν υπάρχει Ελληνική ταβέρνα που να μην έχει μπουζούκι, ούζο και ρετσίνα.

Notes

ο πληθυσμός = population
σχεδόν = almost, nearly
ορεινός, ή, ό = mountainous
η γεωργία = agriculture
η βιομηχανία = industry
διεξάγω = to carry out
γλεντώ = I enjoy myself
αναπτύσσω = I develop

πλούσιος, -α, -ο = rich
το εμπόριο = trade
η διασκέδαση = entertainment
φιλόξενος, η, ο = hospitable
γλεντώ = I enjoy myself
το όργανο = instrument (musical)
ο πόλεμος = war

30

Ήταν πρωί όταν φτάσαμε στο λιμάνι του Πειραιά. Κατεβήκαμε απ' το πλοίο. Πήραμε ένα ταξί για να μας πάρει στην

Αθήνα, τη γενέτειρα του Σωκράτη και του Περικλή... Σε λίγη ώρα φτάνουμε. Πόσο όμορφη πόλη είναι στ' αλήθεια. Προχωρώντας προς την Ακρόπολη βλέπουμε το Πανεπιστήμιο. Βλέπουμε τη Βουλή, το Μνημείο του Αγνώστου Στρατιώτη, το Δημόσιο Κήπο, κι άλλα αξιοθέατα.

Ανεβαίνοντας το λόφο φτάνουμε στην Ακρόπολη. Στον ξακουστό τούτο βράχο οι αρχαίοι πρόγονοί μας, μας άφησαν μια αθάνατη κληρονομιά, τον Παρθενώνα, το Ερέχθειο...

Στην πεδιάδα κάτω, είναι οι στήλες του Ολύμπιου Δία, η Πύλη του Αδριανού και το Στάδιο.

Κάνουμε μια βόλτα στους δρόμους της Αθήνας. Η Αθήνα είναι γεμάτη από περίπτερα. Μερικοί πουλάνε ζεστά κουλούρια, και άλλοι πουλάνε λαχεία. Στα καφενεία, μερικοί πίνουν τον καφέ τους. Άλλοι συζητούν διάφορα θέματα και άλλοι διαβάζουν τις εφημερίδες.

Notes

το λιμάνι = port	τα αξιοθέατα = sights
η γενέτειρα = birthplace	χορταίνω = to be content
προχωρώ = I proceed	ο λόφος = hill
η Βουλή = Parliament	ο πρόγονος = ancestor
Άγνωστος = Unknown	η κληρονομιά = heritage
το περίπτερο = kiosk	η στήλη = column
το λαχείο = ticket, lottery	η βόλτα = stroll
συζητώ = I discuss, argue	αθάνατος, η, α = immortal
Ολύμπιος Δίας = Olympian Zeus	ξακουστός, ή, ό = famous

31

Η πρωτεύουσα της Ελλάδας είναι η Αθήνα. Εκεί βρίσκονται τα κυβερνητικά γραφεία, οι μεγάλες τράπεζες και πολλά εργοστάσια. Η πλατεία της Ομόνοιας είναι στο κέντρο της πόλης. Η Αθήνα είναι περικυκλωμένη από τους λόφους της Ακρόπολης, του Λυκαβηττού, και του Φιλοπάππου. Ένας εύκολα μπορεί να δει τον Παρθενώνα και το Ερέχθειο.

Το καλοκαίρι χιλιάδες τουρίστες επισκέφτονται την Ελλάδα. Απολαμβάνουν τον ζεστό ήλιο, τη δροσερή θάλασσα. Βλέπουν τα ιστορικά τοπία όπως την Ολυμπία, το Σούνιο, την Επίδαυρο, τους Δελφούς. Οι τουρίστες έχουν την ευκαιρία να γνωρίσουν τους Έλληνες, τα έθιμά τους, τη ζωή, τα τραγούδια, τους χορούς τους.

Όσοι επισκέφτονται την Ελλάδα επιστρέφουν με μια ξεχωριστή εντύπωση – την εντύπωση της ελληνικής φιλοξενίας. Οι Έλληνες είναι ένας φιλικός, ανοιχτόκαρδος κόσμος. Στην Ελλάδα ο ξένος δεν θεωρείται ξένος.

Οι άλλες μεγάλες πόλεις είναι: ο Πειραιάς είναι και το λιμάνι της χώρας. Η Θεσσαλονίκη βρίσκεται στα βόρεια. Η Λάρισα είναι στο κέντρο της χώρας. Τα Ιωάννινα βρίσκονται στα δυτικά. Στην Πελοπόννησο είναι η Πάτρα, η Κόρινθος, η Καλαμάτα, το Ναύπλιο και η Σπάρτη.

Η Ελλάδα έχει επίσης πολλά βουνά. Το πιο ξακουστό είναι ο Όλυμπος, η αρχαία κατοικία των θεών. Έχει επίσης αμέτρητα νησιά μικρά και μεγάλα όπως την Κρήτη, Ρόδο, Αίγινα, Κέρκυρα και Μύκονο.

Notes

περικυκλωμένος, η, ο = surrounded
απολαμβάνω = I enjoy
θεωρώ = I consider
ξεχωριστή εντύπωση = distinct impression

επίσης = also
αμέτρητος, η, ο = numerous, countless
ανοιχτόκαρδος = kind-hearted

32

Σε λίγο μπαίνουν στην οδό Πανεπιστημίου. Στα αριστερά βλέπουν την Εθνική Βιβλιοθήκη, το Πανεπιστήμιο και την Ακαδημία. Τρία ωραιότατα κτίρια χτισμένα σε κλασσικό ρυθμό.

Προχωρώντας φτάνουν στην Πλατεία Συντάγματος. Εδώ στα 1843, ο λαός ξεσηκώθηκε και ζητούσε σύνταγμα από τον βασιλιά Όθωνα που κυβερνούσε απολυταρχικά. Από τότε πήρε το όνομά της η πλατεία.

Μετά το Σύνταγμα πλησιάζουν στις στήλες του Ολυμπίου Δία. Εδώ κάποτε βρισκόταν ο ναός του Δία. Ανεβαίνουν μετά στην Ακρόπολη. Εκεί βρίσκονται τουρίστες από πολλές χώρες, από την Γερμανία, Γαλλία, Αμερική, Ελβετία, Αγγλία κλπ.

Τι υπέροχο θέαμα ο Παρθενώνας στ' αλήθεια! Ο ναός αυτός χτίστηκε τον 5° αιώνα πριν τον Χριστό από το Φειδία, τον Ικτίνο και τον Καλλικράτη, την εποχή του Περικλή. Ο ναός ήταν αφιερωμένος στην παρθένα θεά Αθηνά γι' αυτό πήρε και το όνομα Παρθενώνας δηλαδή ο ναός της Παρθένας θεάς.

Notes

εθνικός, -ή, -ό = national
το κτίριο = building
ο ρυθμός = style
ο λαός = people
ξεσηκώνομαι = rise, rebel
το σύνταγμα = constitution

απολυταρχικός = absolute, despotic
η στήλη = column
το θέαμα = spectacle
ο ναός = temple
αφιερωμένος, -η, -ο = dedicated
παρθένος, -α, -ο = virgin

33

Η Κύπρος είναι ένα μικρό αλλά όμορφο νησί. Πρωτεύουσα της Κύπρου είναι η Λευκωσία. Άλλες πόλεις είναι η Λεμεσός, η Αμμόχωστος, η Λάρνακα και η Κερύνεια.

Η Κύπρος έχει μεγάλη ιστορία. Στην Πάφο γεννήθηκε η Αφροδίτη, η θεά της ομορφιάς. Υπάρχουν αρχαίες πόλεις: η Σαλαμίνα, η Αμαθούντα, οι Σόλοι, το Κίτιο. Το 45 μ.Χ. οι απόστολοι Παύλος και Βαρνάβας δίδαξαν τον Χριστιανισμό. Σήμερα υπάρχουν πολλά μοναστήρια.

Η Κύπρος ήταν κάτω από τους Άγγλους από το 1878 μέχρι το 1960. Το 1960 έγινε ανεξάρτητη Δημοκρατία. Ο πληθυσμός της Κύπρου είναι περίπου 750.000. Τα 82% είναι Έλληνες και τα 18% είναι Τούρκοι.

Ο πρώτος πρόεδρος της Κύπρου ήταν ο Αρχιεπίσκοπος Μακάριος (1960-1977).

Η Κύπρος παράγει πολλά σταφύλια, πορτοκάλια και πατάτες. Έχει επίσης πολλούς τουρίστες. Στα 1974 η Τουρκία εισέβαλε στην Κύπρο και έδιωξε 200.000 Έλληνες από τα σπίτια τους. Η Κύπρος είναι τώρα χωρισμένη. Κανένας δεν βοήθησε την Κύπρο. Οι πρόσφυγες δεν ξεχνούν τα χωριά τους και τα σπίτια τους. Θέλουν να γυρίσουν στα αγαπημένα τους σπίτια, εκεί που γεννήθηκαν. Την 1ⁿ Μαΐου 2004 η Κύπρος έγινε μέλος της Ευρωπαϊκής Ένωσης.

Notes

αρχαίος = ancient
ανεξάρτητος, η, ο = independent
παράγω = I produce
ο πρόσφυγας = refugee
ο απόστολος = apostle, saint
εισβάλλω = invade

το μέλος = member
η Δημοκρατία = Republic, Democracy
διώχνω = I expel
ο πρόεδρος = President
χωρισμένος = separated, divided

34

Στην Αγγλία σήμερα ζούνε γύρω στις 300.000 Έλληνες και οι περισσότεροι είναι από την Κύπρο. Πολλοί απ' αυτούς μένουν στο Βόρειο Λονδίνο. Πολλοί εργάζονται στα εστιατόρια, άλλοι σαν τεχνίτες και οι περισσότερες γυναίκες ασχολούνται με την ραπτική.

Σήμερα, δεν υπάρχει περιοχή στο Λονδίνο, χωρίς να έχει ένα Ελληνικό ή Κυπριακό εστιατόριο. Πολλοί είναι θαυμάσιοι μάγειρες, και άλλοι γκαρσόνια. Υπάρχουν επίσης, πολλές ταβέρνες για την ψυχαγωγία της παροικίας.

Η ελληνική παροικία είναι καλά οργανωμένη. Για όσους ενδιαφέρονται στην Ορθόδοξη θρησκεία υπάρχουν ελληνικές εκκλησίες. Για αυτούς που τους ενθουσιάζει η πολιτική, υπάρχουν εβδομαδιαίες εφημερίδες καθώς και οι εφημερίδες που έρχονται από την Ελλάδα και την Κύπρο. Σήμερα υπάρχει και η δορυφορική τηλεόραση και το Ελληνικό ραδιόφωνο.

Τα έθιμα τους παραμένουν τα ίδια. Οι γάμοι, οι αρραβώνες, τα βαφτίσια πάντα έχουν μουσική και ελληνικό γλέντι. Τα σουβλάκια παραμένουν να είναι ένα από τα πιο εύγευστα και αγαπημένα φαγητά του Έλληνα μετανάστη.

Στα πολυάριθμα καφενεία και μπακάλικα μπορεί ένας ν' αγοράσει ελληνικά γλυκίσματα, καφέ, κουλούρια, καί ό,τι άλλο επιθυμεί.

Notes

ο τεχνίτης = craftsman	η παροικία = community
η ραπτική = sewing	εύγευστος, η, ο = tasty
επιθυμώ = to long for	το γλύκισμα = cake
ασχολούμαι = to be occupied	δορυφορικός, η, ο = satellite

35

Την περασμένη Κυριακή πήγα σε ένα Κυπριακό γάμο. Ο γαμπρός λεγόταν Νίκος και ήταν είκοσι οκτώ χρονών. Η νύφη λεγόταν Δάφνη και ήταν είκοσι χρονών. Οι γονείς του Νίκου κατάγονται από την Αμμόχωστο. Οι γονείς της Δάφνης είναι από την Πάφο. Ο Νίκος και η Δάφνη δουλεύουν στο ίδιο γραφείο.

Παντρεύτηκαν στην εκκλησία του Αγίου Ιωάννη στο Λονδίνο. Μετά ακολούθησε μια υπέροχη δεξίωση σε ένα ξενοδοχείο. Στη δεξίωση υπήρχαν πολλοί συγγενείς και φίλοι. Υπήρχαν πολλά φαγητά: κεφτεδάκια, ντολμάδες, ψητά κοτόπουλα, σαλάτες κλπ. Υπήρχαν επίσης πολλά ποτά, κρασί, κονιάκ, μπίρα...

Στο κέντρο της μεγάλης αίθουσας καθόταν η νύφη και ο γαμπρός με τους γονείς τους. Στο τραπέζι τους υπήρχαν πολλά λουλούδια. Σε ένα άλλο τραπέζι υπήρχε μια πολύ μεγάλη τούρτα. Λίγο πιο κάτω ήταν η ορχήστρα με βιολί, μπουζούκι και κιθάρα. Η ορχήστρα έπαιζε ωραία ελληνικά και κυπριακά τραγούδια. Πολλοί χόρευαν.

Ύστερα χόρεψε το «αντρόγυνο». Όλοι οι συγγενείς και οι φίλοι τους καρφίτσωσαν λεφτά. Αυτό είναι ένα Κυπριακό έθιμο. Ο Νίκος και η Δάφνη είχαν επίσης πολλούς κουμπάρους και κουμπάρες. Στην Ελλάδα έχουν μόνο ένα κουμπάρο και μια κουμπάρα.

Στο τέλος όλοι καληνύχτισαν το αντρόγυνο και τους ευχήθηκαν: «Να ζήσουν χρόνια πολλά και ευτυχισμένα».

Notes

ο γάμος = wedding
η νύφη = bride

κατάγομαι = I come from, originate

η δεξίωση = reception
η αίθουσα = hall
η ορχήστρα = band, orchestra
τα κεφτεδάκια = meatballs
καρφιτσώνω = I pin

ο γαμπρός = bridegroom
η τούρτα = cake
το αντρόγυνο = couple
κουμπάρος, -α = best man, woman

36

Η ταβέρνα του κυρ-Γιάννη βρίσκεται κοντά στην Πλάκα. Είναι μια απ' τις πιο ωραίες της Αθήνας. Είναι πολύ περιποιημένη και στολισμένη. Στους τοίχους έχει ζωγραφιές του Διόνυσου – του Θεού του κρασιού και της διασκέδασης.

Ο κυρ-Γιάννης ήταν ένας ανοιχτόκαρδος άνθρωπος. Ήταν πολύ πρόσχαρος και για αυτό είχε πάντα πολλούς πελάτες και φίλους. Όταν άρχιζε η μουσική στην ταβέρνα, πολλές φορές άρχιζε κι αυτός να τραγουδά και να αστειεύεται. Έκανε τους πελάτες του πιο εύθυμους και πιο κεφάτους.

- Να πίνετε, να χορεύετε και να τραγουδάτε πάντα, έλεγε στους φίλους του, γιατί αυτό θα πει ζωή. Αν δεν γλεντήσουμε τώρα, πότε θα γλεντήσουμε; Και τότε άρχιζε το τραγούδι που λέγει: «Μια ζωή την έχουμε, κι αν δεν την γλεντήσουμε...».

Ένα βράδυ πήγα και εγώ στην ταβέρνα του. Εκεί που περίμενα το ψητό μοσχαράκι με τις τηγανητές πατάτες που είχα παραγγείλει, ο κυρ-Γιάννης έβαλε μπροστά μου μια πιατέλα με πέντε μεγάλες φέτες μοσχαράκι και μπόλικες τηγανιτές πατάτες. Ήταν αρκετές για να χορτάσουν δύο άτομα. Την ίδια ώρα αφήνει στο διπλανό τραπέζι ένα μεγάλο ψητό κοτόπουλο με ρύζι, και μια πλούσια μερίδα από παστίτσιο. Όλοι μείναμε με ανοιχτό το στόμα.

Δεν άντεξα και τον ρώτησα:

- Τι συμβαίνει, σήμερα κυρ-Γιάννη, μήπως είναι τα γενέθλιά σου;

- Όχι, απάντησε αυτός. Κέρδισα το Λαχείο.

Notes

περιποιούμαι = to look after
στολίζω = to decorate
ανοιχτόκαρδος, η, ο = kind-hearted, genial
πρόσχαρος = jolly
ο πελάτης = customer
τα γενέθλια = birthday

αστειεύομαι = I joke
γλεντώ = to enjoy, feast
το μοσχάρι = veal
παραγγέλλω = I order
η μερίδα = portion
το παστίτσιο = macaroni-pie
αντέχω = to last, endure

37

Τα έθιμα που σχετίζονται με τον γάμο είναι ωραία. Σήμερα οι νέοι γνωρίζονται, ερωτεύονται και παντρεύονται. Καμιά φορά οι γονείς της κοπέλας ή του νέου μπορεί να μην δεχτούν. Έτσι καμιά φορά είτε ο έρωτας τους διακόπτεται, ή παντρεύονται χωρίς την έγκριση των γονιών τους.

Πριν αρκετά χρόνια οι γονείς της κοπέλας αν ήταν πλούσιοι έδιναν προίκα στον γαμπρό. Αυτό μπορεί να ήταν ένα σπίτι, ή ένα διαμέρισμα ή ένα χωράφι αν ζούσαν στην επαρχία ή και λεφτά καμιά φορά. Ο θεσμός της προίκας καταργήθηκε με νόμο στην Ελλάδα, το 1982.

Για τις προετοιμασίες του γάμου στα χωριά όλοι οι συγγενείς μαζεύονται στο σπίτι της νύφης. Μαγειρεύουν μακαρόνια, όλα τα είδη κρέατα, πατάτες, φτιάχνουν σαλάτα, φέρνουν όλα τα είδη ποτά και ετοιμάζουν τους κουραμπιέδες.

Σε μερικά χωριά ο γαμπρός με τον κουμπάρο πάει σ' όλα τα σπίτια. Καλεί όλους να πάνε στο γάμο και τους δίνει ένα κερί. Τα βιολιά και τα λαγούτα είναι έτοιμα. Το βράδυ θα αρχίσει η μουσική. Όταν τελειώσει η γαμήλια τελετή στην εκκλησία όλοι πάνε στο σπίτι για το μεγάλο γλέντι. Αρχίζει το φαγοπότι και τα τραγούδια. Πολλοί νέοι χορεύουν στους εύθυμους ήχους του βιολιού. Χορεύουν τον Συρτό, τον Καλαματιανό και άλλους τοπικούς χορούς. Στα παλιά τα χρόνια η γιορτή και το γλέντι του γάμου κρατούσε τρεις μέρες.

Notes

ζωντανός, ή, ό = living, lively
το έθιμο = custom
διακόπτω = I interrupt
η προίκα = dowry
το διαμέρισμα = flat
η επαρχία = countryside
ερωτεύομαι = to fall in love
ο νόμος = law, decree

ο θεσμός = institution
ο κουραμπιές = small wedding cake
ο κουμπάρος = best-man
το κερί = candle
το λαγούτο = lute
η γαμήλια τελετή = wedding ceremony

38

Το καλοκαίρι πήγα στην Κύπρο. Φτάσαμε στο αεροδρόμιο της Λάρνακας το βράδυ. Το άλλο πρωί ξύπνησα πολύ νωρίς. Ανυπομονούσα να δω το χωριό του πατέρα μου. Το χωριό του είναι κοντά στην Αμμόχωστο. Τώρα είναι κάτω από τους Τούρκους.

Ο πατέρας μου πάντα μου μιλάει για το χωριό του. Μου λέει για την μικρή όμορφη εκκλησία, για το σχολείο, για τα καφενεία, για το σπίτι μας με τη μεγάλη αυλή για τον κόσμο που ζούσε εκεί. Πάντα τρέχουν τα μάτια του όταν μου μιλάει για το χωριό. Εκεί βρίσκεται ο τάφος του παππού και της γιαγιάς. Όλοι θέλουμε να πάμε στο χωριό να πάρουμε λίγα λουλούδια στον τάφο τους.

Ο πατέρας μου λέγει για το φθινόπωρο στο χωριό. Πώς οι γεωργοί δούλευαν με όρεξη και αγάπη στα χωράφια. Πώς

γιόρταζαν τα Χριστούγεννα, την Πρωτοχρονιά. Πώς περίμε-
ναν την Άνοιξη και το Πάσχα. Πώς περίμεναν το καλοκαίρι
και το πανηγύρι του χωριού. Πώς γίνονταν οι γάμοι με μουσική
και γλέντι που κρατούσε για τρεις μέρες. Και πόσο εκτιμούσε
και βοηθούσε ο ένας τον άλλο.

Μια μέρα πήγαμε στο κατεχόμενο χωριό. Το χωριό ήταν
αγνώριστο. Η εκκλησία είχε μετατραπεί σε σταύλο. Στο κοι-
μητήριο όλοι οι τάφοι είχαν καταστραφεί. Στο σπίτι μας τώρα
έμεναν Τούρκοι. Ο πατέρας με δάκρυα στα μάτια έβαλε στο
μαντήλι του λίγο χώμα από το πατρικό του σπίτι.

Τώρα όλα άλλαξαν. Οι χωριανοί του πατέρα μου είναι
σκορπισμένοι σε διάφορα μέρη της Κύπρου γιατί έχασαν ό,τι
είχαν στο χωριό. Δεν έχασαν όμως την ελπίδα ότι μια μέρα
θα γυρίσουν στο χωριό τους. Αλήθεια, πόσο ευτυχισμένοι θα
είναι όλοι όταν γυρίσουν στα σπίτια τους, εκεί που γεννήθη-
καν, εκεί που μεγάλωσαν.

Notes

το καλοκαίρι = summer
η αυλή = courtyard
το φθινόπωρο = autumn
το χωράφι = field
εκτιμώ = I respect
σκορπισμένος, η, ο = spread,
scattered
ο τάφος = grave
ο σταύλος = stable

ο γεωργός = farmer
το πανηγύρι = village fair
ο χωριανός = fellow villager
η ελπίδα = hope
τρέχουν τα μάτια του = his eyes
are filled with tears
κατεχόμενος = occupied
το κοιμητήριο = cemetary

39

- Καλά κάνατε και ήρθατε. Εγώ όπως βλέπετε δεν μπορώ
να φύγω απ' το σπίτι, είπε η Βασιλική δείχνοντας την κόρη της.

Ύστερα άρχισε να μιλάει για τον γιο της. Είπε πως είχε ένα γιο μα ήταν ναύτης στην Κρήτη. Μετά πήγε μέσα στο δωμάτιο, άναψε το φως, κι έφερε κάτι φωτογραφίες του.

Είχαμε αρχίσει να βαριόμαστε όταν ακούσαμε φωνές στην εξώπορτα.

- Ποιος να είναι τέτοια ώρα; Είπε η Βασιλική ανήσυχη και σηκώθηκε να πάει να δει.

Ύστερα από λίγο την ακούσαμε να λέει: «Περάστε, περάστε σας παρακαλώ. Μα περάστε, μη ντρεπόσαστε! Ήρθατε τόσο δρόμο και να μη μπείτε να σας κάνω ένα καφέ!...». Η φωνή της ακουγόταν τώρα όλο και πιο κοντά ώσπου φάνηκε να έρχεται με δύο ναύτες ντυμένους στα άσπρα.

- Είναι στο ίδιο καράβι με τον γιο μου, γύρισε και μας είπε η Βασιλική. Ήρθαν να μας πουν νέα του.

Ο ένας απ' αυτούς, ο πιο ψηλός, άρχισε να λέει: «Θα μείνουμε πέντε μέρες και είπα στον φίλο μου, δεν πάμε να δούμε την μητέρα του Μπάμπη; Και ήρθαμε με τα πόδια, ρωτώντας από δω κι από κει. Παρά λίγο να μη το βρούμε, είχαμε ξεχάσει τον αριθμό και ρωτήσαμε ένα παιδί και μας είπε: «Μου φαίνεται πως μένουν σ' εκείνη εκεί την πόρτα...» κι έφυγε τρέχοντας να συνεχίσει το παιχνίδι με τους φίλους του.

Notes

ο ναύτης = sailor	βαριέμαι = I am bored
ανήσυχος, η, ο = worried, anxious	ντρέπομαι = I am shy
ious	ντυμένος = dressed

40

Στις δέκα παρά τέταρτο βγήκε από το μικρό διαμέρισμά του. Έρριξε μια ματιά στο μαύρο αυτοκίνητο που ήταν παρκαρισμένο κοντά στο πεζοδρόμιο λίγα μέτρα πιο κάτω από την πόρτα του, άναψε ένα τσιγάρο και ξεκίνησε να περάσει απέναντι.

Τι ακριβώς έγινε δεν το κατάλαβε. Το μαύρο αυτοκίνητο πέρασε με ταχύτητα μπροστά του σχεδόν αγγίζοντάς τον. Φοβισμένος έτρεξε στο απέναντι πεζοδρόμιο και ακούμπησε στον τοίχο. Άκουσε μια γυναικεία φωνή που έλεγε:

- Τα παλιόπαιδα! Δεν προσέχουν καθόλου! Χτυπήσατε;

- Όχι, ψιθύρισε... Όχι ευχαριστώ.

Σκούπισε με το χέρι του το ιδρωμένο πρόσωπο. «Το αυτοκίνητο...» Σκέφθηκε. «Ήταν σταματημένο λίγα μέτρα πιο κάτω και ξεκίνησε ακριβώς μόλις πάτησα το πόδι μου στον δρόμο...».

- Του πήρατε τον αριθμό;

- Όχι, δεν πρόλαβα.

- Έπρεπε να του πάρετε τον αριθμό. Πρέπει να τον τιμωρήσει η αστυνομία. Έτσι κάποιος μου σκότωσε προχθές τον σκύλο μου.

- Γιατί είπατε «παλιόπαιδα»; Τους είδατε;

- Όχι δεν τους είδα, αλλά συνήθως αυτοί τρέχουν σαν τρελλοί.

- Μένετε στη γειτονιά; ρώτησε κι η φωνή του έτρεμε ακόμη.

- Μένω στο σπίτι απέναντι, είπε η γυναίκα.

- Αυτό το αυτοκίνητο το έχετε ξαναδεί;

- Όχι, δεν το έχω ξαναδεί στην γειτονιά.

- Κι όμως ήταν σταματημένο εδώ!

- Κάποιον θα περίμενε, είπε η γυναίκα.

Notes

41

Το τρένο ετοιμαζόταν να ξεκινήσει και η Ελένη στεκόταν στο παράθυρο και κοίταζε έξω. Πρώτη φορά ταξίδευε πρώτη θέση και της φαινόταν παράξενο. Φορούσε ένα πράσινο μετα-ξωτό φόρεμα που αγόρασε στις εκπτώσεις, ειδικά για αυτό το ταξίδι.

- Δεν μπορείς να ταξιδεύεις πρώτη θέση και να φοράς τα ίδια παλιομοδίτικα ρούχα, την είχε συμβουλέψει η φίλη της η Κατερίνα. Σκέψου τι θα πει ο κόσμος.

Η Ελένη συμφώνησε και πήγε και ξόδεψε τα λίγα λεφτά που της είχαν μείνει σ' αυτό το φόρεμα και σ' ένα καινούργιο ζευγάρι δερμάτινα παπούτσια, που δυστυχώς της ήταν λίγο στενά και είχαν αρχίσει να την πονάνε.

Σκεφτόταν να τα βγάλει και να καθίσει στη θέση της όταν άνοιξε η πόρτα και η πιο καλοντυμένη κυρία που είχε δει ποτέ στη ζωή της μπήκε και κάθισε στη γωνία απέναντί της. Η κυρία φορούσε μαύρα γυαλιά και κρατούσε μερικά ξένα περιοδικά.

- Πρέπει να είναι ξένη, σκέφτηκε η Ελένη κοιτώντας την με θαυμασμό, χαρούμενη που είχε ακολουθήσει τη συμβουλή της Κατερίνας και ξόδεψε τα τελευταία της χρήματα σ' ένα καινούργιο φουστάνι.

Notes

παράξενος, η, ο = strange
η έκπτωση = discount, sale
παλιομοδίτικα = old fashion
δερμάτινος, η, ο = made of leather

καλοντυμένος = well dressed
η συμβουλή = advice
στενός, ή, ό = narrow, tight

42

Η ζωή σε πολλές μεγάλες πόλεις δεν είναι πια έτσι όπως ήτανε παλιά. Τα τελευταία χρόνια, ο θόρυβος και η μόλυνση της ατμόσφαιρας από εργοστάσια και αυτοκίνητα κάνει πολλούς ανθρώπους να χτίζουν ένα σπίτι στην εξοχή, για να ξαναβρούν την ησυχία τους και τον καθαρό αέρα. Πολλοί λένε ότι, σε λίγα χρόνια, το κέντρο των περισσοτέρων πόλεων θα είναι τόσο επικίνδυνο για την υγεία, που κανένας δεν θα θέλει να δουλέψει ή να μένει εκεί.

Το πρόβλημα γίνεται πιο σοβαρό, καθώς ο αριθμός των αυτοκινήτων, όπως ξέρουμε, μεγαλώνει κάθε χρόνο και η κίνηση στους δρόμους γίνεται όλο και πιο δύσκολη. Ήδη στο Λονδίνο, πολλοί εργαζόμενοι προτιμούν να χρησιμοποιούν τον υπόγειο ή τα τρένα και αφήνουν τα αυτοκίνητά τους στο σπίτι. Πολλοί από αυτούς έρχονται από χωριά ή πόλεις αρκετά μακριά από τη δουλειά τους και χάνουν αρκετές ώρες κάθε μέρα ταξιδεύοντας.

Notes

παλιά = in the old days
η μόλυνση = pollution
το εργοστάσιο = factory
η εξοχή = countryside

ο θόρυβος = noise
η κίνηση = traffic
ο υπόγειος = underground train

43

Η ώρα πλησιάζει δύο, και ακόμα να φτάσουμε στο σπίτι του θείου μου. Ο πατέρας ρωτάει τον οδηγό αν είμαστε μακριά. Όχι, όχι, λέει αυτός, θα στρίψουμε σε λίγο στην οδό Λήμνου και από εκεί είναι μόνο ένα τέταρτο.

Καθώς το ταξί προχωράει αργά μέσα στην κίνηση, εγώ βλέπω έξω από το παράθυρο, με μάτια ορθάνοιχτα από την έκπληξη. Είμαστε σ' ένα μεγάλο δρόμο που γράφει οδός Πατησίων. Όλα μου φαίνονται περίεργα και διαφορετικά. Ποτέ στη ζωή μου δεν έχω ξαναδεί τόσο πολύ κόσμο, τόσα πολλά αυτοκίνητα. Κίτρινα ταξί, μικρά και μεγάλα αυτοκίνητα σ' όλα τα χρώματα, μηχανάκια, ποδήλατα...

Εδώ στη γωνία ένα μαγαζί πουλάει λουλούδια. Αληθινά λουλούδια.

Στο νησί μου, τη Σύμη, δεν έχουμε τέτοιο μαγαζί. Ό,τι λουλούδια χρειαζόμαστε τα κόβουμε από τον κήπο μας. Στο τραπέζι μας στο σαλόνι πάντα έχουμε ένα βάζο με λουλούδια και κάθε Πάσχα στολίζουμε την εκκλησία με τις βιολέτες μας. Μόνο όταν γίνεται κανένας γάμος φέρνουνε ανθοδέσμες από τη Ρόδο.

Notes

ορθάνοιχτα = wide open
η έκπληξη = surprise
περίεργα = curious

το μηχανάκι = scooter, motorbike
η ανθοδέσμη = bouquet

44

Ένα βράδυ τον περασμένο Ιανουάριο, μόλις τελείωσε τη δουλειά του στο γραφείο μπήκε, σ' ένα φαρμακείο εκεί κοντά και πήρε ένα κουτί ασπιρίνες. Υπέφερε από φοβερούς πονοκεφάλους τις τελευταίες εβδομάδες. Ύστερα πήγε να πάρει το λεωφορείο για το σπίτι του.

Είχε μεγάλη ουρά στη στάση. Περίμενε υπομονετικά στη θέση του και όταν ήρθε το λεωφορείο μπήκε χωρίς να σπρώξει κανένα. Δεν βρήκε πουθενά να καθήσει και έτσι έμεινε όρθιος. Κοντούλης, παχουλός, με λιγοστά γκρίζα μαλλιά. Τον περασμένο μήνα είχε πατήσει τα πενήντα.

Δίπλα τους ένας μεθυσμένος μιλούσε μόνος του. Δυο μαθήτριες καθισμένες μπροστά του διαβάζανε ένα περιοδικό και που και που βάζανε τα γέλια. Απέναντί του μία ηλικιωμένη κυρία που στεκόταν όρθια, φορτωμένη με ψώνια, τις κοιτούσε αυστηρά.

Σε λίγο σηκώθηκαν τα κορίτσια, κατέβηκαν και κάθισε αυτός. Τότε βρήκε στο κάθισμα το περιοδικό που είχαν αφήσει: «Ο κόσμος των παιδιών». Ένα περιοδικό για παιδιά. Πρώτη φορά τόβλεπε. Έριξε μια ματιά στο πολύχρωμο εξώφυλλο. Έγραφε ότι έβγαινε κάθε Πέμπτη.

Notes

η ασπιρίνη = aspirin
ο πονοκέφαλος = headache
η ουρά = queue
υποφέρω = I suffer

υπομονετικά = patiently
αυστηρά = sternly
σπρώχνω = I push

45

Όταν έγινε δεκατέσσερα ή δεκαπέντε ο Αλέξανδρος άρχισε να κάνει σχέδια για το μέλλον. Δεν σταμάτησε τελείως να παίζει με τους φίλους του στη γειτονιά, αλλά άρχισε να μένει πιο πολλές ώρες κλεισμένος στο δωμάτιό του και να σκέφτεται. Άνοιγε τα βιβλία της Ιστορίας, που τους είχαν δώσει στο σχολείο, και διάβαζε με τις ώρες για τους μεγάλους ήρωες, τους πολέμους, τις επαναστάσεις... Συχνά έκλεινε τα μάτια του και ονειρευόταν πως ήτανε ένας στρατιώτης στον πόλεμο ή ένας σπουδαίος πολιτικός σε μια μεγάλη χώρα. Τότε, ξεχνούσε και να φάει και να βγει έξω να παίξει στο πάρκο.

Άλλοτε πάλι, όταν διάβαζε τα ποιήματα ή τα μυθιστορήματα που έβρισκε στην βιβλιοθήκη, ο Αλέξανδρος ονειρευόταν να γίνει ένας μεγάλος συγγραφέας. Μια μέρα που έβρεχε και έκανε πολύ κρύο, ο Αλέξανδρος αποφάσισε να καθήσει στο γραφείο του πατέρα του και να γράψει το πρώτο του ποίημα. Όταν έφτασε το βράδι, ο πατέρας του, που γύρισε από τη δουλειά βρήκε τον Αλέξανδρο να κοιμάται πάνω στο γραφείο δίπλα σε ένα σωρό χαρτιά.

Notes

το σχέδιο = plan	άλλοτε = at other times
η επανάσταση = revolution	ο πόλεμος = war
το μυθιστόρημα = novel	ο συγγραφέας = writer

46

Μου τηλεφώνησε κάποιος φίλος που έμενε στην ίδια γειτονιά.

- Τα βράδια τα περνάς συνήθως μέσα;

- Τις περισσότερες φορές...

- Πολύ ωραία. Θάρθουμε με το Δημήτρη από το σπίτι σου απόψε. Κάτι θέλουμε να συζητήσουμε.

Ήρθανε γύρω στις εννιά. Τους έψησα καφεδάκι και μπήκαν αμέσως στο θέμα.

- Σήμερα το πρωί πέθανε ο Σάββας στο νοσοκομείο. Αύριο είναι η κηδεία και θέλουμε να βγάλεις ένα λόγο, να πεις μερικά πράγματα για τη ζωή του, για τη φιλία σας...

Για μερικά λεπτά δεν μπορούσα να μιλήσω από το σοκ και την έκπληξη. Ο Σάββας νεκρός; Μόλις προχτές είχα περάσει να τον δω στο νοσοκομείο και μου είχε φανεί μια χαρά. Θυμάμαι μάλιστα πως είπαμε και κάτι αστεία και γελάσαμε σαν τον παλιό καιρό.

Και τώρα, αυτοί οι δυο μου λένε ότι ο Σάββας δεν ζει πια και πως δεν θα ξαναγελάσουμε ποτέ μαζί.

- Μισό λεπτό, τους είπα. Το Σάββα τον αγαπούσα, τον θαύμαζα. Τον ήξερα από μικρό παιδί, ήμασταν φίλοι από το σχολείο. Και τώρα, έτσι ξαφνικά, έρχεστε εδώ και μου λέτε ότι πέθανε;

Notes

η συζήτηση = discussion
το θέμα = subject, topic
η κηδεία = funeral

βγάζω λόγο = I make a speech
το αστείο = joke

47

Μια φορά, πριν δέκα χρόνια, μου συνέβη ένα παράξενο πράγμα. Το διηγήθηκα πολλές φορές από τότε σε διάφορους φίλους, κι όλοι όσοι το άκουσαν γέλασαν με τη βλακεία μου. Και ήτανε στ' αλήθεια κάτι παράξενο και αστείο μαζί, που δεν κατάφερα ποτέ να το εξηγήσω. Γιατί, πώς μπορεί κανένας, αφού έφυγε από το πατρικό του σπίτι για καλά και μετακόμισε σ' ένα άλλο, να ξαναγυρίσει μια μέρα στο παλιό του σπίτι και να προσπαθεί να ανοίξει την πόρτα, νομίζοντας πως μένει ακόμα εκεί; Και όμως, αυτό το πράγμα μου συνέβη εμένα και δεν μπορώ ακόμα να το ξεχάσω.

Όταν πουλήσαμε το σπίτι όπου έμενα με τ' αδέλφια μου και τους γονείς μου, ήμουνα γύρω στα είκοσι και σπούδαζα στο πανεπιστήμιο. Μια Κυριακή πρωί, πριν πάμε στην εκκλησία, το σπίτι ήταν ακόμη δικό μας. Όταν γυρίσαμε, λίγο πριν το μεσημέρι, οι καινούργιοι ιδιοκτήτες περιμένανε απ' έξω με τις βαλίτσες τους και τα κουτιά τους. Μέσα σε λίγες ώρες, όλα είχαν αλλάξει.

Notes

διηγούμαι = I narrate, I tell
η βλακεία = stupidity
παράξενος, η, ο = strange, peculiar

μετακομίζω = I move (change house)
ο ιδιοκτήτης = owner

48

Η Θεσσαλονίκη, που χτίστηκε από τον Βασιλιά Κάσανδρο στο τέλος του 4^{ου} π.Χ. αιώνα, είναι σήμερα η πιο μεγάλη πόλη της Ελλάδας μετά την Αθήνα και μία από τις αρχαιότερες πόλεις της Ευρώπης. Βρίσκεται στο ανατολικό τμήμα της ακτής του Θερμαϊκού κόλπου και έχει περίπου ένα εκατομμύριο κατοίκους.

Σήμερα η Θεσσαλονίκη μεγαλώνει πολύ γοργά. Έχει γίνει το βιομηχανικό και εμπορικό κέντρο της βόρειας Ελλάδας και για το 1997 είναι η πολιτιστική πρωτεύουσα της Ευρώπης.

Το λιμάνι της Θεσσαλονίκης είναι ένα από τα πιο πολυσύχναστα της χώρας. Πολλά πλοία αναχωρούν από εκεί για το εξωτερικό, και τους καλοκαιρινούς μήνες ιδιαίτερα, λόγω των τουριστών, γίνονται καθημερινές αναχωρήσεις για τα νησιά.

Η Θεσσαλονίκη έχει πολλούς μεγάλους δρόμους, πολλές τράπεζες, ταχυδρομεία, μαγαζιά, νοσοκομεία, ξενοδοχεία, θέατρα, εστιατόρια, μουσεία και άλλα. Δυστυχώς όμως έχει λίγα πάρκα. Έχει μια μεγάλη παραλία με πολλές καφετέριες και πολλοί άνθρωποι κάθονται εκεί, πίνουν τον καφέ τους και κουβεντιάζουν. Η Θεσσαλονίκη είναι μια πόλη γεμάτη ζωή.

Notes

το τμήμα = part, section
ο κόλπος = bay, gulf
γοργά = fast
βιομηχανικό = industrial

εμπορικός, ή, ό = commercial
πολιτιστική = cultural
πολυσύχναστα = most frequented (busy)

49

Χρόνια αργότερα, μια μέρα στην οδό Ερμού, εγώ γυρίζοντας από ένα μάθημα κι εκείνη από τα ψώνια της, πέσαμε ο ένας πάνω στον άλλον. Σταθήκαμε στη μέση του δρόμου και κοιταχτήκαμε.

Σαν να είχαμε χωρίσει χτες. Πρώτος εγώ την προσκάλεσα για έναν καφέ στην πλατεία Συντάγματος. Εκεί που καθόμασταν σ' ένα καφενεδάκι, μου είπε ότι ήταν παντρεμένη μ' έναν διπλωμάτη κι ότι είχε ένα γιο. Είπαμε πολλά, θυμηθήκαμε τα παλιά, γελάσαμε.

Κι ο ζωγράφος σου, τη ρώτησα. Έγινε διάσημος, είπε, οι άνθρωποι όταν φεύγουν από κοντά μου προκόβουν. Εκτός από μένα, της είπα. Όχι, είπε σοβαρά, εσύ έγινες σοφός, το βλέπω στα μάτια σου. Τι κάνει ο γιος σου; ρώτησα. Μουσικός, απάντησε. Τη ρώτησα τι όργανο έπαιζε. Βιολί. Ωραία, είπα, είναι καλός; Πολύ. Στείλε μου τον μια μέρα, είναι όμορφος όπως εσύ; Με κοίταξε προσεκτικά πριν απαντήσει. Πολύ όμορφος, και ξαφνικά άρχισε να κλαίει. Πλήρωσα το λογαριασμό και φύγαμε.

Notes

50

Το δείπνο σερβιρίστηκε νωρίς, γιατί όλοι θα σηκώνονταν νωρίς την επόμενη μέρα. Κανένας, ακόμα και στη Μακεδονία δεν έπινε μέχρι αργά κρασί τη μέρα πριν τη γιορτή του Διονύσου.

Ο Φίλιππος, ξέροντας πως σύμφωνα με το έθιμο δεν θα καταναλωνόταν πολύ κρασί, έβαλε τον Αριστοτέλη να καθίσει δίπλα του, πράγμα που δεν γινότανε πολύ συχνά, γιατί ο φιλόσοφος προτιμούσε το νερό και δεν του άρεσε να πίνει. Μετά το δείπνο, οι περισσότεροι πήγαν κατευθείαν για ύπνο.

Ο Αλέξανδρος δεν πήγαινε συνήθως νωρίς για ύπνο. Αποφάσισε να πάει να βρει τον Φοίνικα, που συνήθως καθόταν και διάβαζε μέχρι αργά στο δωμάτιό του, στο βάθος του διαδρόμου. Το χολ ήταν σκοτεινό, αλλά αυτό δεν τον δυσκόλεψε τον Αλέξανδρο που, από μικρό παιδί, μπορούσε να μπαινοβγαίνει στο κάστρο, νύχτα, μέρα, χωρίς να τον παίρνει κανείς είδηση. Πλησίασε το δωμάτιο του φίλου του και ήταν έτοιμος σχεδόν να μπει μέσα, όταν άκουσε κάποιο θόρυβο και είδε μια κίνηση μες το σκοτάδι.

Notes

EXAMINATION PAPERS

51

Ένας νεαρός φίλος μου, συγγραφέας στο επάγγελμα, μου περιέγραψε με έκπληξη και ανησυχία μαζί μια διαφήμιση στην τηλεόραση, στην οποία εμφανίζεται ένας νεαρός και όμορφος άντρας να παίζει το ρόλο του συγγραφέα και να συστήνει ένα προϊόν. Ότι κάποτε θα φτάναμε στο σημείο, μετά τους ηθοποιούς και τα μοντέλα, να βλέπουμε ελκυστικούς συγγραφείς να διαφημίζουν οδοντόκρεμες και αυτοκίνητα ήταν κάτι που ο φίλος μου δεν φανταζόταν. Από τις αρχές της δεκαετίας του 90 όμως, ήταν αρκετά φανερό ότι τα πράγματα πηγαίνανε προς τα εκεί. Από τότε που τα βιβλία μπήκαν στα ράφια των σουπερμάρκετ και από εκεί στη λίστα με τα ψώνια της νοικοκυράς, προσφέρονται δωρεάν από εφημερίδες και περιοδικά και διαβάζονται στα κομμωτήρια, έχει μεγαλώσει το ενδιαφέρον του κόσμου για αυτούς που τα γράφουν.

Έτσι λοιπόν, επειδή τα βιβλία γίνανε κάτι σαν μόδα, άλλαξε και η εικόνα του συγγραφέα. Δεν είναι πια ένας γκριζομάλλης με γυαλιά, που περνά τον περισσότερο χρόνο του κλειδωμένος σε γραφεία και βιβλιοθήκες, αλλά ένας καλοντυμένος, ωραίος και, συνήθως, νεαρός άντρας. Με το μεγάλο και γλυκό του χαμόγελο προσπαθεί να σας πείσει να αγοράσετε κάτι που δεν έχει καμιά σχέση με τα βιβλία – ένα πλυντήριο ρούχων ή ακόμη μια καινούρια κρέμα ξυρίσματος.

London Examinations, GCE 'O' level, January 2000

52

Δεν ξέρω άνθρωπο στη ζωή μου που γνώρισε τον πατέρα μου και δεν τον αγάπησε. Ο πατέρας μου τους βοηθούσε και τους συγχωρούσε όλους. Ακόμα και αυτούς που θέλανε να του κάνουνε κακό. Έτσι ήταν φτιαγμένος αυτός, έτσι γεννήθηκε.

Δεν πρόκειται τώρα ν' αρχίσω να μιλάω για τη σχέση μου με τον πατέρα μου, μόνο σημαντικά θέλω να πω. Πάρα πολλές φορές έχω πει πως ο Γιάννης είχε δυο μεγάλες αγάπες, το χωριό του, πάνω στα βουνά της Καστοριάς, και τα παιδιά του. Αγαπούσε επίσης πολύ τη ζωγραφική, κι αυτό τον βοήθησε αργότερα, όταν μελετούσε ο,τιδήποτε είχε να κάνει με τη ζωή και τις συνήθειες στο χωριό. Κάθε εικόνα, κάθε σχέδιο σε χαλί ή σε κέντημα που έβλεπε, το σχεδίαζε σ' ένα χαρτί και κρατούσε σημειώσεις. Όταν τις προάλλες, βρήκα επιτέλους το θάρρος και άρχισα να τακτοποιώ τα πράγματά του, βρήκα πολλά από αυτά τα σχέδια σ' ένα ημερολόγιο. Ανακάλυψα επίσης και μια αγγελία έκθεσης ζωγραφικής, στην οποία είχε πάρει μέρος μαζί με κάτι συμμαθητές του, όταν ήταν ακόμη στο γυμνάσιο. Αυτό βέβαια, δεν μας το είχε πει ποτέ! Έτσι ήταν πάντα ο πατέρας μου. Μιλούσε για τα πάντα, εκτός από τον εαυτό του.

Πήρα την αγγελία και βγήκα και κάθισα στον κήπο, σε μια πέτρα ζεστή από τον απογευματινό ήλιο. Πού να βρίσκονται άραγες αυτοί οι πίνακες; Υπάρχουν ακόμη;

London Examinations, GCE 'O' level, January 2000

53

Κάθε μέρα, 7-8 το απόγευμα, εδώ και δέκα χρόνια, ο Πάνος Γεραμάνης μιλάει με Έλληνες από όλο τον κόσμο! Όλα αυτά φυσικά γίνονται μέσα από το μουσικό πρόγραμμα που παρουσιάζει από ένα σταθμό του Ελληνικού ραδιοφώνου.

Πώς μπορεί κάποιος να κάνει τόσα χρόνια την ίδια δουλειά και να έχει ακόμα τον ενθουσιασμό που είχε όταν πρωτοάρχισε;

Από μικρό παιδί ήμουν έτσι. Θυμάμαι στο γυμνάσιο του χωριού μου, παρατούσα τα μαθήματα για τη μουσική. Άκουγα ραδιόφωνο, πάρα πολύ ραδιόφωνο. Ποτέ όμως δεν μου πέρασε από το μυαλό ότι μια μέρα θα μπορούσα κι εγώ να παρουσιάζω το δικό μου πρόγραμμα.

Όταν αρχίσατε, φανταζόσασταν ότι θα είχατε τόσο μεγάλη επιτυχία;

Ποιος το φανταζόταν αυτό το πράγμα; Η αγάπη του κόσμου ήταν μια πραγματική έκπληξη για μένα. Για παράδειγμα, με πήραν τηλέφωνο κάτι παιδιά από την Κρήτη, για να μου πουν ότι επειδή δεν μπορούν να ακούσουν το πρόγραμμα καλά στον Άγιο Νικόλαο, παίρνουν το αυτοκίνητο κάθε απόγευμα, ανεβαίνουν σ' ένα λόφο και βάζουν το ραδιόφωνο εκεί για να μπορέσουν να μ' ακούσουν.

Σας ακούνε όμως και σε άλλα μέρη, εκτός Ελλάδος...

Α, βέβαια! Ένα βράδυ με πήρε ένας φίλος από τη Λαπωνία και μου έλεγε πως, επειδή είχε 20 μέρες να βγει από το σπίτι του λόγω κακοκαιρίας, το ραδιόφωνο και η εκπομπή μου ήταν η μόνη του παρέα. Όταν κλείσαμε, ξαφνικά χτυπάει πάλι το τηλέφωνο και ακούω κάποιον να λέει, «Σας τηλεφωνώ από τον Αμαζόνιο, είμαι καπετάνιος σε ελληνικό πλοίο. Κάνει φοβερή ζέστη εδώ, έχουμε βγάλει τα πουκάμισα!» Είναι απίστευτο, όμως μου τηλεφωνούν συχνά από μακριά. Πρέπει να πω ότι αυτό το πράγμα με ευχαριστεί και με εντυπωσιάζει.

London Examinations, GCE 'O' level, May 2000

54

Πώς είχαν αλλάξει όλα σ' αυτό το σπίτι!

Ο Χάρης είχε γυρίσει με το μυαλό γεμάτο σχέδια. Η μητέρα αισθανόταν ήρεμη που είχε πια κοντά της κάποιον να τη βοηθήσει. Όσο για μένα, χαιρόμουν που, επιτέλους, ο αδελφός μου, που ήταν λίγο και σαν πατέρας λόγω της διαφοράς στην ηλικία, είχε έρθει να μείνει μαζί μας πάλι. Και όμως, τίποτα δεν ήταν πια όπως πριν.

Το Σεπτέμβριο, η μητέρα πήγε να δει μια πλούσια θεία μας που ο άντρας της είχε ένα μεγάλο εργοστάσιο, για να την παρακαλέσει να βάλει το Χάρη σε μια θέση, μια και είχε τελειώσει τις σπουδές του με τόσο καλό βαθμό και χρειαζότανε και τα χρήματα. Η θεία, ύστερα από πολλές συζητήσεις, δέχτηκε να δώσει στο Χάρη μια ευκαιρία, αλλά είπε κιόλας ότι, επειδή ο αδελφός μου ήταν νέος και δεν είχε ξαναδουλέψει στο παρελθόν, το καλύτερο που θα μπορούσε να του προσφέρει ήταν η θέση του βοηθού στο γραφείο του διευθυντή. Ήταν φανερό ότι, κανείς σ' εκείνη την εταιρία δεν περίμενε, ούτε χρειαζόταν το Χάρη και ότι η θέση του προσφερότανε μόνο και μόνο επειδή ήταν στη μέση η θεία μας. Για αυτό το λόγο, από την πρώτη μέρα που εμφανίστηκε ο Χάρης στο εργοστάσιο, όλοι οι συνάδελφοι φάνηκαν να τον αντιπαθούν.

London Examinations, GCE 'O' level, May 2000

55

Οι μαθητές δεν πιστεύουν πια στην αξία του πανεπιστημιακού πτυχίου. Το 56,3% των μαθητών που ρωτήσαμε απάντησε πως το πτυχίο έχει κάποια αξία μόνο αν μπορείς με αυτό να βρεις δουλειά. Επιπλέον ένα μεγάλο ποσοστό, το 68,8%, δήλωσε ότι θα διάλεγε να μην πάει στο πανεπιστήμιο αλλά να ψάξει για κάτι άλλο, που θα το βοηθήσει καλύτερα στην εύρεση εργασίας.

Οι αριθμοί αυτοί δεν αποτελούν απόδειξη αδιαφορίας των μαθητών απέναντι στη μόρφωση. Όταν τα παιδιά έχουν να διαλέξουν ανάμεσα στην εργασία και τη μόρφωση, επιλέγουν το πρώτο, ανάμεσα στο χρήμα και τη μόρφωση, όμως, το δεύτερο. Για τους περισσότερους, η μόρφωση έχει μεγαλύτερη σημασία από το χρήμα. Μόνο ένα μικρό ποσοστό, 15%, υποστηρίζει το αντίθετο και δείχνει να μην ενδιαφέρεται καθόλου για τις σπουδές και να προτιμά ένα καλοπληρωμένο επάγγελμα.

Για να «πετύχουν» στο μέλλον οι σημερινοί μαθητές φαίνεται ότι ξέρουν πως πρέπει να γίνουν ειδικοί στους υπολογιστές. Επάγγελματα με το καλύτερο μέλλον θεωρούν: την πληροφορική, τα παραδοσιακά (γιατροί, δικηγόροι κλπ.) και τα οικονομικά-τράπεζες. Για να είναι πιο ευτυχισμένοι, όμως, άλλα επαγγέλματα θα θέλανε να κάνουν. Οι μαθητές και οι μαθήτριες επιτρέπουν στον εαυτό τους να ονειρεύεται καλλιτεχνικά ή αθλητικά επαγγέλματα, αλλά σε καμία περίπτωση δεν σκοπεύουν να τα ακολουθήσουν.

London Examinations, GCE 'O' level, January 2001

56

Ξαναμιλήσαμε στο τηλέφωνο την Πέμπτη το βράδι και αποφασίσαμε να κλείσουμε ραντεβού για τον επόμενο Σάββατο, στο ίδιο μέρος που συναντιόμασταν παλιά, όταν κι οι δυο ζούσαμε στην ίδια πόλη. Είχαμε περίπου 15 χρόνια να ιδωθούμε και ένιωθα μια ανησυχία για το πώς θα ήτανε όταν τελικά θα βλεπόμασταν, ύστερα απ' όλα αυτά τα τηλεφωνήματα.

Πέρασα όλο το πρωί του Σαββάτου ανήσυχος και με αμφιβολίες. Έκανα μπάνιο, ντύθηκα με το καλό μου κουστούμι, βεβαιώθηκα πως είχα μέσα στον χαρτοφύλακά μου όλα τα απαραίτητα και στις 7 ακριβώς, ήμουν στη στάση να περιμένω το λεωφορείο που θα με πήγαινε στο Θησείο. Στις 7.45, στεκόμουν μπροστά στο σταθμό, μαζί με καμιά δεκαριά άλλους που, καθώς φαίνεται, είχαν την ίδια ιδέα με μένα για το ραντεβού τους. Στις 8 ακριβώς, τον είδα να κατεβαίνει από ένα ταξί. Δεν είχε καθυστερήσει ούτε ένα λεπτό, παρ' ότι έπρεπε να διασχίσει μια Αθήνα γεμάτη κίνηση. Γελαστοί και κεφάτοι, δίπλα σε ένα σοβαρό κύριο που πουλούσε φρούτα και ένα νεαρό ζευγαράκι που καυγάδιζε γιατί εκείνη είχε αργήσει σχεδόν μια ώρα, δώσαμε τα χέρια στην αρχή και κατόπιν αγκαλιαστήκαμε με συγκίνηση. Δεν άλλαξες καθόλου, είπαμε και οι δυο μ' ένα στόμα και ταυτόχρονα ξεσπάσαμε σε γέλια.

London Examinations, GCE 'O' level, January 2001

57

Στην αρχή, υπήρχε μόνο ένα κάστρο πάνω σ' ένα βράχο. Σιγά-σιγά, γύρω από το βράχο εμφανίζονταν σπιτάκια και ένα χωριό άρχισε να αναπτύσσεται. Επτακόσια χρόνια αργότερα, χτίστηκε η νέα πόλη του Εδιμβούργου, η «Αθήνα του Βορρά», ένα από τα πιο ενδιαφέροντα παραδείγματα αρχιτεκτονικής στον κόσμο.

Τα κτίρια της πόλης και το φυσικό σκηνικό με τους βράχους, τη θάλασσα και τους λόφους δημιουργεί στον επισκέπτη μια μαγική αίσθηση παραμυθιού, όποια εποχή κι αν τύχει να βρεθεί στο Εδιμβούργο. Η καλύτερη περίοδος όμως για να απολαύσετε την πόλη, είναι από το Μάιο ως και το τέλος Αυγούστου. Ειδικά για τον Αύγουστο, έχετε έναν παραπάνω λόγο! Από το 1947 και μετά, κάθε χρόνο αυτό το μήνα γίνεται στην πόλη το Διεθνές Φεστιβάλ του Εδιμβούργου. Πρόκειται για το μεγαλύτερο φεστιβάλ τέχνης του κόσμου το οποίο συγκεντρώνει περίπου ένα εκατομμύριο επισκέπτες το χρόνο. Για περισσότερο από ένα μήνα, η πόλη γεμίζει κινηματογραφικές πρεμιέρες, διαφόρων ειδών παραστάσεις (θέατρο, όπερα, χορός, τζαζ, κλασική μουσική), αλλά και δημόσιες απαγγελίες ποιημάτων και ό,τι άλλο βάλει ο νους σας. Επιπλέον, τον Αύγουστο, έχετε και περισσότερες πιθανότητες να αποφύγετε την ομίχλη και το βροχερό σκωτζέζικο καιρό!

London Examinations, GCE 'O' level, May 2001

58

Πρέπει να με πήρε ο ύπνος. Όταν με ξύπνησε η Μαργαρίτα, το δωμάτιο ήταν σκοτεινό, αλλά έξω ξημέρωνε και κάπου, σ' ένα απ' τα διπλανά δωμάτια οι άλλοι μιλούσαν δυνατά. Δεν μπορούσα να καταλάβω ποιοι ήτανε, μόνο ξεχώριζα τη φωνή ενός παιδιού που επίμονα ζητούσε να βγει έξω να παίξει. Το κεφάλι μου γύριζε και το στόμα μου ήταν ξερό, αλλά δεν πονούσα πια, ούτε έτρεμα. Η Μαργαρίτα με ρώτησε αν μπορούσα να σηκωθώ. Έκανα μια προσπάθεια αλλά διαπίστωσα ότι ήταν αδύνατον! Της είπα ότι είχα πυρετό και έβαλε το χέρι της στο μέτωπό μου. Ύστερα, δεν ξέρω αν ήταν αμέσως ή αν είχαν περάσει μερικά λεπτά, με ρώτησε αν με πείραζε να μείνω μόνη, ήθελαν να πάνε βόλτα με τη βάρκα, η μέρα έξω ήταν ηλιόλουστη και τα παιδιά διαμαρτύρονταν, ήθελαν να κολυμπήσουν. Δεν της απάντησα, μόνο έκανα μια κίνηση με το χέρι ότι ήταν εντάξει, δεν μ' ενοχλούσε η ιδέα να περάσω τη μέρα ξαπλωμένη, μόνη στο σπίτι.

Τους άκουγα να περπατούν, να ετοιμάζονται, να ανοιγοκλείνουν πόρτες, να βάζουν πράγματα σε τσάντες, προσπαθώντας, μάταια, να κάνουν ησυχία. Θα πρέπει να βιάζονταν πολύ να κατεβούν στην παραλία γιατί κανένας δεν πέρασε να δει πώς είμαι, ή να με χαιρετήσει. Έσβησα το φως της λάμπας στο τραπεζάκι πλάι μου, έκλεισα τα μάτια και αμέσως βυθίστηκα στον ύπνο.

London Examinations, GCE 'O' level, May 2001

59

Το Φθινόπωρο του 1999, το Θέατρο του Βορρά έκανε ένα διαγωνισμό για να βρεθούν θεατρικά έργα νέων Ελλήνων συγγραφέων. Πενηνταπέντε συνολικά άντρες και γυναίκες ηλικίας γύρω στα 30 πήραν μέρος στο διαγωνισμό, τα αποτελέσματα του οποίου πρόκειται να ανακοινωθούν σ' ένα διήμερο φεστιβάλ θεάτρου που πρόκειται να γίνει στην πρωτεύουσα σε μερικές μέρες. Στους χώρους του Θεάτρου Κόντρα, ηθοποιοί, σκηνοθέτες, νέοι συγγραφείς αλλά και το κοινό, θα συζητήσουν, θα συμφωνήσουν, θα διαφωνήσουν και θα θέσουν ερωτήματα για το μέλλον του θεάτρου στην Ελλάδα. Οι ομιλίες και τα αποτελέσματα του διαγωνισμού θα αποτελέσουν το θέμα μιας ειδικής εκπομπής αφιερωμένης στο ελληνικό θέατρο, που ετοιμάζει η Ελληνική Τηλεόραση.

Τα έργα που έχουν γραφτεί από νέους ανθρώπους εξακολουθούν βέβαια να είναι πολύ λίγα. Πάνω σ' αυτό, φαίνεται πως συμφωνούν ήδη οι περισσότεροι ομιλητές και μάλιστα υποστηρίζουν πως ο κύριος λόγος για τον οποίο οι νέοι μας δεν ασχολούνται με το γράψιμο έχει να κάνει με το φόβο της κριτικής. «Έχουμε χάσει την ικανότητα να επικοινωνούμε μεταξύ μας, κριτικάρουμε ο ένας τον άλλον και ψάχνουμε συνέχεια να βρούμε λάθη για να αποδείξουμε ότι εμείς είμαστε οι πρώτοι κι οι καλύτεροι!», λέει απαισιόδοξα μία νέα ηθοποιός. «Πρέπει επιτέλους να σταματήσουμε να πιστεύουμε ότι τα καλά έργα γράφονται εκτός Ελλάδος και να ανακαλύψουμε τα ταλέντα που υπάρχουν στον τόπο μας!»

London Examinations, GCE 'O' level, January 2002

60

Να την, λοιπόν. Ανεβαίνει τα σκαλιά προσεκτικά, όπως το συνηθίζει. Χλωμή, με το κόκκινο κραγιόν της και τα μεγάλα πράσινα μάτια της, να ψάχνουν ποιος ξέρει τι! Δυο τρία πράγματα ξέρω μόνο γι' αυτήν: τη λένε Έρση Κοσμάογλου και ζούσε χρόνια στο Λονδίνο. Της αρέσουν τα εξωτικά τραγούδια, το σαφάρι και η έρημος. Τρώει όρθια και πίνει μόνο νερό. Είναι χωρισμένη και κατάγεται από πλούσια οικογένεια. Περιτριγυρίζεται συνέχεια από πολύ κόσμο. Όλοι θέλουν να είναι κοντά της. Δεν είναι περίεργο. Το ίδιο θα ήθελα κι εγώ. Πρώτα όμως πρέπει να κάνω κάτι για να με προσέξει, κάτι που θα μπορούσε να το καταλάβει, να το εκτιμήσει. Για χάρη της πήρα την απόφαση να δώσω τις φωτογραφίες μου στην έκθεση της γκαλερί «Παντιά». Δεν τη θεωρώ χαζή, όχι! Απλά, οι άνθρωποι της τάξης της θέλουν κάτι εντυπωσιακό για να ασχοληθούν μαζί σου. Αν δεν έχεις καράβια ή ένα πολύ ακριβό ρολόι, δε σου ρίχνουν ούτε μια ματιά.

Ήταν καλοκαίρι σε μια επίδειξη μόδας που τη συνάντησα. Καθόταν στην πρώτη σειρά και κοιτούσε δεξιά και αριστερά. Η μελαγχολία της μ' έκανε να θέλω να κλάψω και να γελάσω μαζί. Πριν από δυο βδομάδες σ' ένα φιλανθρωπικό χορό, της έβαλα στο χέρι την πρόσκληση για την έκθεσή μου. «Ελπίζω να έρθετε», της είπα.

London Examinations, GCE 'O' level, January 2002

61

«Δεν μ' ενδιαφέρει στ' αλήθεια το χρήμα», μου λέει ο Στάθης Μπανάκας. Είναι βράδι και κάθεται δίπλα μου, σ' ένα ιταλικό εστιατόριο που τώρα τελευταία έγινε της μόδας. Δεν θέλω να τον διακόψω, τον αφήνω να τελειώσει. «Το χρήμα είναι κάτι που πρέπει να το χρησιμοποιείς, όχι να το μαζεύεις», συνεχίζει την κουβέντα του. «Έτσι το βλέπω εγώ. Ό,τι ζωγραφίζω το πουλάω, και ό,τι βγάζω, το ξοδεύω. Μόνο αγάπη, γνώσεις κι εμπειρίες θέλω να μαζεύω. Τίποτ' άλλο. Δεν ξέρω πώς σου φαίνονται αυτά που σου λέω. Δεν ξέρω αν με πιστεύεις, τι γνώμη έχεις για μένα...».

Ο Στάθης είναι συμμαθητής μου από το σχολείο κι ένας από τους λίγους γνωστούς ανθρώπους που γνωρίζω. Μεγαλώσαμε μαζί σε μια γειτονιά της Τρίπολης αλλά όταν ήταν ξεκάξι χρονών οι γονείς του μετακομίσανε στη Γαλλία για δουλειές του πατέρα του. Ο Στάθης τελείωσε το πανεπιστήμιο στο Παρίσι, εκεί άρχισε να ζωγραφίζει, εκεί έκανε την πρώτη του έκθεση, εκεί παντρεύτηκε κι έκανε τη δική του οικογένεια. Εκεί το κοινό εκτιμάει τα έργα του και θεωρείται ένας από τους πιο ταλαντούχους σύγχρονους ζωγράφους. Στην Ελλάδα, τον ξέρουν μόνο όσοι ξεφυλλίζουν ελληνικά και ξένα περιοδικά τέχνης. Όμως, παρά το ότι γνώρισε την επιτυχία στο εξωτερικό και ζει κι εργάζεται τόσα χρόνια έξω, η Ελλάδα παραμένει η χώρα που αγαπάει περισσότερο, επειδή, όπως μου εξηγεί, «εκεί πέρασα τα καλύτερα χρόνια της ζωής μου».

London Examinations, GCE 'O' level, May 2002

62

Ως μια εποχή όλα πήγαιναν καλά. Οι μεγάλοι ασχολούνταν με τις δουλειές τους, τα παιδιά με τα παιχνίδια τους και οι γιορτές ήταν μια χρυσή ευκαιρία για να συναντηθούν αυτοί οι δυο πολύ διαφορετικοί κόσμοι. Τα παιδιά μεγάλωναν με παραμύθια όπου πάντα νικούσαν οι καλοί και ο γενναίος πρίγκηπας έσωζε την όμορφη κοπέλα από τον κακό δράκο. Οι μεγάλοι φρόντιζαν να συνεχιστεί το παραμύθι και κάθε Χριστούγεννα έκρυβαν τα δώρα που, όπως λέγανε, έφερνε ένας παχουλός γέροντας με γενιάδα, που φορούσε κόκκινα και πετούσε από σπίτι σε σπίτι, από χώρα σε χώρα! Δεν είμαι σίγουρος πότε ακριβώς ήρθε το τέλος αυτής της εποχής. Μπορεί να ήταν πριν από δέκα ή δεκαπέντε χρόνια. Ήταν πάντως τότε που η μαγεία είχε μια θέση στη ζωή όλων μας. Ήταν η εποχή κατά την οποία θεωρούνταν έγκλημα να μην κάνεις το χατίρι ενός παιδιού. Τότε, ναι, ο Άι Βασίλης είχε πράγματι θέση στη ζωή μας.

Ρωτήστε σήμερα ένα επτάχρονο παιδάκι αν το πειράζει που φέτος ο Άι Βασίλης είναι άρρωστος και αποφάσισε να στείλει το δώρο του ταχυδρομικώς. Μάλλον αδιάφορο θα του φανεί. Αρκεί το πανάκριβο παιχνίδι να φτάσει στα χέρια του εγκαίρως. Μάλλον εμείς οι μεγάλοι χρειαζόμαστε περισσότερο τη μαγεία των Χριστουγέννων γι' αυτό στενοχωριόμαστε για το τέλος αυτής της εποχής, το τέλος του παραμυθιού.

London Examinations, GCE 'O' level, May 2002

PART TWO

63

Στην Κρήτη ζουν σήμερα 500.000 άνθρωποι. Πολλοί είναι αγρότες. Άλλοι είναι ψαράδες και ναυτικοί και άλλοι ασχολούνται με το εμπόριο, τη βιοτεχνία ή δουλεύουν στα ξενοδοχεία ή στα εργοστάσια του νησιού.

Τα σπουδαιότερα προϊόντα της Κρήτης είναι οι ελιές και το λάδι, τα εσπεριδοειδή, τα σταφύλια, τα δημητριακά, τα λαχανικά, τα κάστανα, τα χαρούπια, τ' αμύγδαλα, το μέλι. Εκλεκτής ποιότητας είναι τα κτηνοτροφικά προϊόντα του νησιού, τα κρασιά Κισσάμου, τα κάστανα. Στη νότια κυρίως Κρήτη παράγουν πολλά πρώιμα λαχανικά.

Από τα ορυκτά του νησιού σπουδαιότερο είναι ο γύψος, που εξάγεται σε μεγάλες ποσότητες από την Ανατολική Κρήτη.

Η βιομηχανία επεξεργάζεται τα γεωργικά προϊόντα του νησιού. Υπάρχουν πολλά ελαιουργεία, και εργοστάσια χυμών φρούτων. Αρκετά αναπτυγμένη είναι η βιοτεχνία.

Η συγκοινωνία εξυπηρετείται με αυτοκίνητα, πλοία, αεροπλάνα. Αεροδρόμια υπάρχουν και στα Χανιά και στο Ηράκλειο. Ένας μεγάλος αυτοκινητόδρομος διασχίζει τη βόρεια παραλία του νησιού. Στο εσωτερικό υπάρχουν πολλοί άλλοι μικρότεροι. Στα ορεινά χωριά ανεβαίνουν με μουλάρια.

Σ' αυτόν τον τόπο με το θερμό μεσογειακό κλίμα ζουν και γράφουν από τα μυθικά χρόνια την ιστορία τους οι Κρητικοί.

Notes

ο αγρότης = farmer
το εμπόριο = trade, commerce
τα εσπεριδοειδή = citrus fruits

η κτηνοτροφία = stock-breeding
ορυκτός = mineral
επεξεργάζομαι = I process

η βιοτεχνία = light manufacture
handicraft
τα προϊόντα = products
τα δημητριακά = cereals, corn

πρώιμος, η, ο = early
ο γύψος = plaster
το ελαιουργείο = olive press

64

Τον παλιό καιρό βασίλευε σε κάποια χώρα ένας βασιλιάς πολύ πλούσιος. Όλοι τον έλεγαν ευτυχισμένο, γιατί είχε ό,τι ποθούσε η ψυχή του. Κι ήταν αληθινά, ίσαμε την ημέρα που ένιωσε ξαφνικά να χάνει τις δυνάμεις του, γιατί δεν μπορούσε να φάει. Δεν είχε πόνους, δεν είχε αρρώστια φανερή! Του έλειπε όμως η όρεξη.

Οι παλατιανοί του κουβαλούσαν τις πιο διαλεχτές λιχουδιές: τι κυνήγια, τι ψάρια λαχταριστά, τι ζαρζαβατικά μαγειρεμένα με τα καλύτερα μυρωδικά, τι γλυκά, τι φρούτα! Μα όχι μόνο δεν άπλωνε να τα δοκιμάσει, αλλ' αηδίαζε βλέποντάς τα και πρόσταζε να τα πάρουν από μπρος του.

Έτρεξαν οι πιο σπουδαίοι γιατροί του βασιλείου του, του έδωσε ο ένας τούτο το φάρμακο, ο άλλος εκείνο, μα τίποτα δεν έκαναν. Ούτε μπουκιά δεν μπορούσε να βάλει στο στόμα του, τίποτα δεν κατάφερνε να του ανοίξει την όρεξη. Όσο πήγαινε κι αδυνάτιζε ο βασιλιάς, ώσπου κατάντησε να γίνει σκιάχτρο.

Κάποια μέρα ένας φτωχός γέρος, αγράμματος αλλά μυαλωμένος και σπουδασμένος στο πανεπιστήμιο της ζωής βρέθηκε περαστικός έξω από το παλάτι, άκουσε να μιλούν για κείνο το κακό και ζήτησε να δει τον άρρωστο άρχοντα.

Notes

βασιλεύω = I reign, rule
ποθώ = I long for

παλατιανός, η, ο = royal servant
το ζαρζαβατικό = vegetable

το σκιάχτρο = scarecrow   η όρεξη = appetite
τον έλεγαν (τον θεωρούσαν) =   η λιχουδιά = titbit
considered him   η αηδία = disgust

65

- Ήρθε Λούνα Παρκ στη γειτονιά! Ήρθε Λούνα Παρκ! Το έστησαν μετά την πλατεία, στο μεγάλο οικόπεδο που παρκάριζαν τα αυτοκίνητα. Βούιξε η γειτονιά από το νέο.

Τώρα γιατί κάναμε τόσες χαρές, για να πάμε, δεν μπορώ να το εξηγήσω. Ίσως επειδή στο Λούνα Παρκ είναι όπως στα παραμύθια. Στα παραμύθια όλα είναι δυνατά. Ο Κοντορεβυθούλης ξεγελά το Δράκο, μια φασολιά σ' ανεβάζει στον ουρανό, μπορείς να περάσεις ποτάμια που αφρίζουν, να διαβείς αδιάβατα βουνά και κανένας δεν μπορεί να σου πει: «Μα τι κουταμάρες είναι αυτά που λες».

Στα παραμύθια δεν έχει σημασία αν λες αλήθεια ή ψέματα. Είναι εντελώς αδιάφορο αν σε πιστεύουν ή όχι. Σημασία έχει η ευχαρίστηση, που θα νιώσει το παιδί, που θα ακούσει το παραμύθι.

Έτσι και με το Λούνα Παρκ. Εκείνα τα πολύχρωμα λαμπιόνια που γυρίζουν γύρω στον τροχό, τ' αεροπλανάκια που ανεβοκατεβαίνουν ολοφώτιστα κι αυτά, τα αλογάκια που χοροπηδούν πάνω κάτω και γύρω γύρω, η μουσική, όλα αυτά σε φέρνουν σε ένα κόσμο χρωματιστό και παραμυθένιο.

Notes

το Λούνα Παρκ = fun-fair   το οικόπεδο = plot of land
ξεγελώ = I deceive   αφρίζει = foamy
αδιάβατος, η, ο = impassable   το λαμπιόνι = electric bulb

66

Εκεί μεγάλωσε ο Ιησούς. Και η ζωή του ήταν σαν τη ζωή όλων των παιδιών της Γαλιλαίας. Γράμματα πολλά δεν μάθαιναν. Ο ραβίνος (δάσκαλος) του χωριού τους μάθαινε να διαβάζουν μόνο τη Γραφή και το Νόμο του Μωυσή και το πολύ πολύ να γράφουν.

Οι γονείς του ήταν άνθρωποι εργατικοί και ζούσαν από την εργασία του. Ο Ιησούς δούλευε και αυτός στο εργαστήρι του Ιωσήφ μαζί με τ' αδέρφια του – παιδιά του Ιωσήφ από την πρώτη του γυναίκα –, έπαιζε με τους φίλους του, πήγαινε στο ναό μαζί με τους γονείς του, μάθαινε ό,τι μάθαιναν όλα τα παιδιά.

Και όμως ξεχώριζε απ' όλα τα άλλα. Η μητέρα του το έβλεπε και μάζευε μέσα της τα λόγια του ένα ένα και τα φύλαγε σαν ανεκτίμητα μαργαριτάρια. Και μεγάλωνε ο Ιησούς και δυνάμωνε το πνεύμα του και γέμιζε σοφία και η χάρη του Θεού ήταν απάνω του.

Κάθε χρόνο, σύμφωνα με το έθιμο, ο Ιωσήφ πήγαινε με τη Μαρία στην Ιερουσαλήμ για τις γιορτές του Πάσχα, που είναι η μεγαλύτερη θρησκευτική γιορτή των Εβραίων. Γιόρταζαν εκείνη τη μέρα την απελευθέρωσή τους από τη δουλεία της Αιγύπτου. Την γιόρταζαν με μεγάλη επισημότητα στον περίφημο ναό του Σολομώντα και όλοι οι Εβραίοι της Παλαιστίνης θεωρούσαν χρέος τους να πάνε εκεί, να εκτελέσουν τα θρησκευτικά τους καθήκοντα και να φάνε το πασχαλινό αρνί.

Notes

η Γραφή = Holy Scripture	η δουλεία = bondage, slavery
ο ναός = temple	το εργαστήρι = workshop
ανεκτίμητος, η, ο = invaluable	το μαργαριτάρι = pearl

η χάρη = grace   το εβραϊκό Πάσχα = Passover
επισημότητα = solemnity, cer-
emony

67

Από το πρωί του Μεγάλου Σαββάτου η πρόσχαρη αναμονή της Ανάστασης ήταν ζωγραφισμένη στα πρόσωπα των χωρικών. Ο χασάπης κι ο μπακάλης στον κεντρικό δρόμο είχαν μεγάλη κίνηση. Όλοι έκαναν τις προμήθειές τους για το πασχαλινό τραπέζι.

Ο παππούς δεν αγόρασε κρέας. Το αρνί της Λαμπρής το είχε διαλέξει εδώ και δυο μήνες πριν, από το κοπάδι του Νικόλα και ο κυρ Διαμαντής του το 'χε ετοιμάσει για ψήσιμο.

Τα κουλούρια, τα τσουρέκια, τα κόκκινα αυγά κι οι μεγάλες λαμπριάτικες κουλούρες ήταν απλωμένες σ' όλα τα σπίτια του χωριού.

Κάναμε Ανάσταση στο προαύλιο της εκκλησίας. Ήταν μια γλυκιά βραδιά, ήσυχη. Η φωνή του παπα-Βαγγέλη δε θ' ακουγόταν, αν δεν κάναμε ησυχία. Τόσο γέροντας ήταν.

Μόλις είπε ο παπάς το χαρούμενο μήνυμα ο ένας φιλούσε τον άλλο.

- Χριστός ανέστη!

- Αληθώς ανέστη!

Με το άγιο, νέο φως που πήραμε από την Ανάσταση, πήγαμε στο σπίτι της γιαγιάς, για να φάμε όλοι μαζί τη μαγειρίτσα που μας είχε φτιάξει.

Στο ανώφλι σταθήκαμε και κάναμε ένα σταυρό με τον καπνό της λαμπάδας.

- Για να υπάρχει ευτυχία στο σπίτι μας όλο το χρόνο, είπε ο παππούς.

Notes

πρόσχαρος, η, ο = cheerful, pleasant
η προμήθεια = supply
το τσουρέκι = large bun
το προαύλιο = forecourt
το ανώφλι = lintel, door-step

η αναμονή = waiting, expectation
το κοπάδι = flock
η κουλούρα = ring-shaped loaf
η μαγειρίτσα = Easter soup

68

Κάθε νησί έχει την πρωτεύουσα του, τη Χώρα, όπως τη λένε οι νησιώτες, και τα χωριά. Άλλα είναι χτισμένα κοντά στη θάλασσα κι άλλα στις βουνοπλαγιές, με χαρακτηριστική αρχιτεκτονική, μικρά κάτασπρα σπίτια, λιθόστρωτους, καθαρούς δρόμους, χαριτωμένους ναούς, μοναστήρια, κάστρα, λιμάνια.

Πρωτεύουσα όλων των Κυκλάδων είναι η Ερμούπολη (20.000 κάτοικοι). Αρχοντική πόλη, χτισμένη στην ανατολική παραλία της Σύρου. Εντύπωση προκαλούν το Δημαρχείο, το θέατρο, τα παλιά σπίτια, οι ναοί, τα αγάλματα του Μιαούλη και του Κανάρη, το λιμάνι, η αγορά, η Άνω Σύρος.

Φημισμένο νησί είναι η Μύκονος (5.000 κάτοικοι). Οι γραφικοί ανεμόμυλοι είναι το χαρακτηριστικό γνώρισμα της. Η Μύκονος είναι ένα παγκόσμιο τουριστικό και καλλιτεχνικό κέντρο.

Πλάι στη Μύκονο βρίσκεται η Δήλος. Στ' αρχαία χρόνια ήταν ένα από τα μεγάλα θρησκευτικά και εμπορικά κέντρα της Ελλάδας. Τώρα είναι μια ακατοίκητη νεκρούπολη με πολλά αρχαία.

Αρκετά εύφορο νησί είναι η Τήνος (15.000 κάτοικοι). Εκεί κάθε Δεκαπενταύγουστο συγκεντρώνονται πολλοί άνθρωποι, για να προσκυνήσουν τη θαυματουργή εικόνα στον ωραίο ναό της Παναγίας. Κοντά στο ναό εντύπωση προκαλεί το μουσείο των Τηνίων καλλιτεχνών του Γκύζη, του Λύτρα, του Χαλεπά κ.ά.

Η Άνδρος είναι το δεύτερο νησί των Κυκλάδων σ' έκταση. Εντύπωση κάνουν η πρωτεύουσα και τα χωριά, τ' αρχαία μνημεία, τα μοναστήρια, τα κάστρα του νησιού.

Notes

ο νησιώτης = islander	ο ανεμόμυλος = windmill
γραφικός, η, ο = picturesque	εύφορος = fertile
καλλιτεχνικός, ή, ό = artistic	θαυματουργός, ή, ό = miracle-
προσκυνώ = I worship	working
λιθόστρωτος, η, ο = paved way	

69

Το Σεπτέμβριο του 1939 οι Γερμανοί με αρχηγό τον Αδόλφο Χίτλερ κήρυξαν τον πόλεμο κατά της Πολωνίας. Τη βοήθεια της Πολωνίας ανέλαβαν η Αγγλία και η Γαλλία. Έτσι ξέσπασε η θύελλα ενός νέου πολέμου, που πολύ σύντομα έγινε παγκόσμιος. Ο δεύτερος παγκόσμιος αυτός πόλεμος (1939-1945) ήταν ασύγκριτα φρικτότερος από τον πρώτο παγκόσμιο πόλεμο.

Η Ελλάδα θέλησε να μείνει ουδέτερη. Όμως την εποχή εκείνη κυβερνούσε την Ιταλία ο δικτάτορας Μπενίτο Μουσολίνι, που ονειρευόταν να κατακτήσει τις χώρες της Ανατολικής Μεσογείου και να ιδρύσει μια μεγάλη Ιταλική αυτοκρατορία. Για αυτό τον Απρίλιο του 1939 κατέλαβε την Αλβανία.

Από το 1940, που μπήκε στον πόλεμο σαν σύμμαχος της Γερμανίας, άρχισε τις προκλήσεις και ζητούσε αφορμή να επιτεθεί κατά της Ελλάδας. Τα ιταλικά αεροπλάνα επανειλημμένα παραβίασαν τον ελληνικό εναέριο χώρο και βομβάρδισαν ελληνικά πλοία. Στις 15 Αυγούστου 1940 ιταλικό υποβρύχιο τορπίλλισε στο λιμάνι της Τήνου και βύθισε το πολεμικό μας «Έλλη».

Τη νύχτα της 27-28 Οκτωβρίου 1940 ο Μουσολίνι ζήτησε να επιτρέψουμε στον ιταλικό στρατό να μπει στην Ελλάδα και να πάρει ορισμένα στρατηγικά σημεία.

Η Ελλάδα αρνήθηκε με το ιστορικό της «ΟΧΙ» και στις 28 Οκτωβρίου 1940 η Ιταλία μας κήρυξε τον πόλεμο.

Notes

κηρύσσω = I declare	αναλαμβάνω = I undertake
ασύγκριτος, η, ο = incomparable	φρικτός, ή, ό = horrible
	σύμμαχος =ally
κατακτώ = I conquer	παραβιάζω = I violate, infringe
η πρόκληση = provocation	τορπιλίζω = I torpedo
το υποβρύχιο = submarine	το πολεμικό = warship
καταλαμβάνω = I occupy	

70

Παραμονή Χριστουγέννων με ξύπνησε χαράματα η μητέρα μου. Έξω ήταν ακόμα σκοτάδι. Τόσο βαθιά κοιμόμουν, που νόμισα ότι με ξυπνούσε ο αρχάγγελος Μιχαήλ.

- Δε μου 'πες να σε ξυπνήσω, για να πάτε να πείτε τα κάλαντα με το Σταύρο;

Τινάχτηκα αμέσως επάνω. Έπρεπε να τρέξω στο σπίτι του Σταύρου, να τον πάρω, να πάρουμε και το καράβι που είχε φτιάξει και να αρχίσουμε. Ντύθηκα βιαστικά, ήπια ένα τσαγάκι κι έφυγα.

Φέτος θα λέγαμε τα κάλαντα στο τρόλεϊ. Το κόλπο δεν ήταν δικό μας. Το είχαν ανακαλύψει πριν από μας άλλα παιδιά, αλλά ήταν κάτι καινούριο κι αποφασίσαμε να το δοκιμάσουμε.

Ε, λοιπόν τέτοια κάλαντα δεν έχω ξαναπεί στη ζωή μου.

Εγώ με το τρίγωνο κι ο Σταύρος με το καράβι ανεβήκαμε στο πρώτο τρόλεϊ που πέρασε από μπροστά μας. Ήταν ακόμη πολύ πρωί κι ο κόσμος κοιμόταν στα καθίσματα. Ακόμα κι ο εισπράκτορας δεν είχε καλοξυπνήσει.

- Να τα πούμε; είπαμε φρέσκοι φρέσκοι.

Κανείς δεν μας απάντησε.

- Να τα πούμε; ξανάπαμε.

Μιλιά.

Έλα όμως που έπρεπε ν' αγοράσουμε το εισιτήριο του Μαθιού. Χωρίς να πάρουμε απάντηση αρχίσαμε να τα λέμε:

Καλήν ημέρα άρχοντες κι αν είναι ορισμός σας.

Χριστού τη θεία γέννηση να πω στ' αρχοντικό σας...

- Ποιο αρχοντικό, αφού οι άνθρωποι βρίσκονται στο τρόλεϊ, με σκούντησε ο Σταύρος.

- Λέγε, μη σταματάς, του είπα.

Μερικοί μας έδωσαν κάτι δίφραγκα. Σκέφτηκα ότι, για να μαζέψουμε τις εννιακόσιες δραχμές που μας χρειάζονταν, έπρεπε να πούμε τα κάλαντα τετρακόσιες πενήντα φορές, και μου κόπηκε το κέφι. Τι να κάνω όμως, συνέχισα.

Notes

τα κάλαντα = carols
το τρίγωνο = triangle
το αρχοντικό = mansion
το κόλπο = trick

ορισμός = wish, order, command
θείος, α, ο = divine

71

Το Πάσχα είναι για τους Έλληνες η πιο μεγάλη γιορτή. Στα χωριά ένας νοιώθει καλύτερα τον γιορτασμό. Τα έθιμα που σχετίζονται με το Πάσχα είναι πολλά. Αρχίζουν με τα Καρναβάλια, δηλαδή σαράντα μέρες πριν.

Μια βδομάδα πριν το Πάσχα είναι το Σάββατο του Λαζάρου. Σε μερικά χωριά τα παιδιά φτιάχνουν στεφάνια. Επισκέφτονται τα σπίτια και τραγουδούν την ανάσταση του Λαζάρου. Οι γυναίκες τους δίνουν λεφτά ή αυγά. Τα αυγά θα τα πουλήσουν και με τα λεφτά που θα πάρουν θα πάνε εκδρομή με το σχολείο τους.

Την επόμενη μέρα είναι η Κυριακή των Βαΐων. Δηλαδή η μέρα που μπήκε ο Ιησούς Χριστός στα Ιεροσόλυμα και ο κόσμος τον καλωσόριζε με «Βάγια» - δηλαδή κλώνια από φοινικόδεντρα.

Μετά αρχίζει η Μεγάλη Εβδομάδα. Σε πολλές εκκλησίες οι εικόνες είναι σκεπασμένες με μαύρα ρούχα. Συμβολίζουν τα πάθη του Χριστού. Την Μεγάλη Πέμπτη η καμπάνα της εκκλησίας χτυπά λυπημένα. Είναι η Σταύρωση του Χριστού. Την Μεγάλη Παρασκευή, οι νέοι και οι κοπέλες του χωριού μαζεύουν λουλούδια για να στολίσουν τον Επιτάφιο. Ο Επιτάφιος έχει την εικόνα του Χριστού. Την νύχτα όλο το χωριό πηγαίνει στην εκκλησία για να ακούσει την λειτουργία. Όλοι προσκυνούν τον Επιτάφιο και ο παπάς τους δίνει από ένα λουλούδι. Το Μεγάλο Σάββατο τα παιδιά μαζεύουν ξύλα γιατί το βράδυ θα ανάψουν μια μεγάλη φωτιά. Όπως και στην Αγγλία στις 5 Νοεμβρίου ανάβουν φωτιά για να κάψουν τον Γκάη Φωκς έτσι και στα ελληνικά χωριά τα παιδιά θέλουν να κάψουν τον Ιούδα που πρόδωσε τον Χριστό. Τα μεσάνυχτα όλοι γιορτάζουν την Ανάσταση του Χριστού.

Notes

το Πάσχα = Easter	η ανάσταση = resurrection
η γιορτή = celebration	το κλωνάρι = branch
το φοινικόδεντρο = palm-tree	η σταύρωση = crucifixion
το βάγιο = palm-leaf	ο επιτάφιος = holy sepulchre
σχετίζω = relate	καίω = to burn
ποικίλα = various	προδίνω = I betray
το στεφάνι = wreath	

72

Ο κυρ-Νίκος επέστρεψε στην Ελλάδα ύστερα από είκοσι χρόνια απουσία. Στο χωριό του σχεδόν κανένας δεν τον γνώριζε. Τα μικρά παιδάκια που έπαιζαν στην πλατεία του χωριού μόλις είδαν το αυτοκίνητο με τον ξένο στάθηκαν και κοίταζαν με περιέργεια.

Ο κυρ-Νίκος ήταν βαθιά συγκινημένος. Μόλις αντίκρυσε το καμπαναριό του αγαπημένου του χωριού και τα μικρά άσπρα σπίτια, άρχισαν να τρέχουν τα δάκρυα του. Πόσο είχε αλλάξει το χωριό στ' αλήθεια. Οι χωματόδρομοι είχαν ασφαλτωθεί. Τα ηλεκτρικά φώτα είχαν αντικαταστήσει τα πρωτόγονα λυχνάρια.

Θα ήταν γύρω στα είκοσι-πέντε του χρόνια όταν άφησε το χωριό του. Τώρα επέστρεφε με άσπρα μαλλιά, τσακισμένος απ' τις δυσκολίες της ζωής. Πόσο επιθυμούσε να βρει ζωντανούς τους γονείς του! Να τους αγκαλιάσει, να τους φιλήσει και να γλεντήσουνε όλοι μαζί τον ερχομό του. Τι κρίμα όμως, οι γονείς του είχαν πεθάνει εδώ και μερικά χρόνια. Έτσι, ο μόνος που τον καλωσόριζε ήταν η αδελφή του, η Γιαννούλα, παντρεμένη τώρα, με τέσσερα παιδιά.

Το αυτοκίνητο με τον κυρ-Νίκο, σταμάτησε στο καφενείο του Κωνσταντή. Ο παπάς του χωριού μόλις τον είδε, τον γνώρισε. Τον αγκάλιασε και τον φίλησε. Αμέσως άρχισαν να τον κερνούν όλι, όσοι βρίσκονταν στο καφενείο.

Στο σπίτι της αδελφής του τον περίμενε ένα πλούσιο τραπέζι. Όλοι οι συγγενείς μαζεύτηκαν εκεί για να δούνε το αγαπημένο τους πρόσωπο. Και από την άλλη άκρη του χωριού, ήρθε η Σοφία, που στα παιδικά χρόνια, έκανε μαζί με τον Νίκο, ερωτικά όνειρα. Τώρα, ήταν κι αυτή παντρεμένη με παιδιά, αλλά μόλις είδε ο ένας τον άλλο, παρόλα τα χρόνια που πέρασαν, ένα ρίγος συγκίνησης κύλησε στις φλέβες τους.

Notes

η απουσία = absence	αντικαταστώ = replace
η περιέργεια = curiosity	πρωτόγονος, η, ο = primitive
συγκινημένος, η, ο = moved (sad)	το λυχνάρι = oil lamp
	τσακισμένος, η, ο = worn out
ο χωματόδρομος = dust truck	αγκαλιάζω = I embrace
κερνώ = to treat	ρίγος = shiver
η άσφαλτος = asphalt	η φλέβα = vein

73

Είναι χαράματα. Η μεγαλούπολη –εγγλέζικη πρωτεύουσα κοιμάται κάτω απ' το πέπλο της καταχνιάς. Το μεγάλο ρολόι της Δημαρχείας χτύπησε εφτά βαριούς χτύπους. Εγώ ήμουνα έτοιμος, παίρνω την τσάντα με τα φαγητά, και παίρνω το λεωφορείο για να πάω στο σταθμό για την αναχώρηση στο Στράτφορτ.

Είμαστε γύρω στους σαράντα ταξιδιώτες. Μόλις ταχτοποιηθήκαμε στα καθίσματά μας το βάλαμε στα τραγούδια. Όσο προχωρούσαμε, η καταχνιά χανότανε. Την ίδια ώρα ξεμακραίναμε απ' το μεγάλο απέραντο Λονδίνο.

Σε λίγο, το Λονδίνο, χάθηκε απ' τα μάτια μας. Πράσινοι κάμποι, ολοπράσινα δέντρα ξαπλώνονται μπροστά μας. Ο αέρας είναι πιο φρέσκος, πιο δροσερός, πιο καθάριος και μυρωδάτος. Στα κλώνια των δέντρων, κρέμονται οι πρωϊνές δροσοσταλίδες. Μοιάζουν, λές, με μεστωμένους καρπούς, που είναι έτοιμοι να πέσουν στην γη... στ' άχρωμο χώμα.

Μπαίνουμε στο Στράτφορτ-ον-έηβον. Εκεί τον Απρίλη του 1564 γεννήθηκε εκείνο το περίφημο παιδί που έμελλε με το γράψιμο του να καταγοητέψει την υφήλιο. Όλοι κοιτάμε τα νέα «Ιεροσόλυμα», τη νέα «Μέκκα» των Γραμμάτων. Πόσο συγκινημένοι αισθανόμαστε στ' αλήθεια!

Μπαίνουμε στο μικρό διόροφο σπιτάκι του Σαιξπήρου. Ένα βιβλίο περιμένει τις υπογραφές των επισκεπτών από τα διάφορα μέρη του κόσμου. Στο σπιτικό βασιλεύει η γαλήνη! Το αφεντικό μονάχα απουσιάζει. Κρίμα που απουσιάζει για να μας αφηγηθεί για τους Καπουλέτους και τους Μοντέκηδες, τον Αμλέτο, τον Βασιλιά Ριχάρδο...

Λίγα μέτρα απ' το σπίτι του βρίσκεται ένα ρομαντικό ρυάκι. Λίγες βαρκούλες το ζωνταντεύουνε απ' το βαρύ του ύπνο. Ποιος ξέρει αν εκεί στις πράσινες όχθες του δεν καθότανε ο μεγάλος τραγικός συλλογιζόμενος για τα έργα του, ακούοντας την ίδια ώρα το φλοίσβο του νερού;

Notes

τα χαράματα = dawn	η καταχνιά = mist
το πέπλο = veil	το ρυάκι = stream

μυρωδάτος, η, ο = fragrant
η δροσοσταλίδα = dew drop
μεστωμένος, η, ο = ripe
έμελλε = destined
η δημαρχεία = town hall
η αναχώρηση = departure

ταχτοποιώ = settle down
η υφήλιος = world
η γαλήνη = peace, tranquility
αφηγούμαι = tell, narrate
η όχθη = bank
ο φλοίσβος = murmuring

74

Ένας από τους πιο μεγάλους φιλοσόφους της Ελλάδας και γενικά όλου του κόσμου, είναι ο Σωκράτης. Ο Σωκράτης έζησε σε μια εποχή όπου στην Αθήνα κυριαρχούσε η Δημοκρατία του Περικλή. Οι τέχνες και τα γράμματα βρίσκονταν σε μεγάλη ακμή.

Γεννήθηκε στην Αθήνα το 469 π.Χ. Τα κύρια χαρακτηριστικά του ήταν: κοντός, μεγάλα μάτια που όλο κοίταζαν τριγύρω και μια μεγάλη κοιλιά – που όπως έλεγε ο ίδιος, χρησιμεύει στην κατάλληλη ώρα.

Ο Σωκράτης σε πολλές περιπτώσεις μοιάζει πολύ με τον Ιησού Χριστό. Και οι δυο τους είναι γνωστοί και διάσημοι σ' όλο τον πολιτισμένο κόσμο. Και οι δυο τους δεν έγραψαν ούτε μια λέξη. Από ότι ξέρουμε και για τους δυο είναι αυτά που έγραψαν οι μαθητές τους. Η μόνη τους διαφορά ίσως να είναι η ακόλουθη: Ο Σωκράτης είχε πλουσιόπαιδα για μαθητές, όπως τον Πλάτωνα, τον Κριτία και τον Αλκιβιάδη. Ο Χριστός είχε για μαθητές φτωχούς ψαράδες όπως τον Πέτρο.

Η Αθήνα νικήθηκε από την Σπάρτη στα 404 π.Χ. Για λίγο καιρό στην εξουσία βγήκαν οι Τριάντα Ολιγάρχες. Με αυτούς έκανε παρέα πολλές φορές ο Σωκράτης. Όταν όμως διώχτηκαν οι Ολιγάρχες και στην εξουσία βγήκαν οι «Δημοκράτες» τότε κατηγόρησαν τον Σωκράτη ότι διέφθειρε τους νέους, και πως ήτανε άθεος.

Οι λόγοι όμως ήταν πολιτικοί. Ο Σωκράτης υπήρξε ο δάσκαλος του Αλκιβιάδη. Αυτός έπεισε τους Αθηναίους να πάνε να πάρουν την Σικελία. Τελικά τους άφησε και πήγε και τους πρόδωσε στην Σπάρτη.

Έτσι λοιπόν στα 399 π.Χ. ο Σωκράτης καταδικάστηκε σε θάνατο. Οι φίλοι του προσπάθησαν να τον πείσουν να δραπετεύσει. Αυτός τους απάντησε ότι: «Πρέπει πάντα να υπακούουμε στους νόμους του κράτους έστω και αν διαφωνούμε με αυτούς».

Notes

κυριαρχώ = dominate	καταδικάζω = I sentence
η ακμή = bloom, prime	διαφθείρω = I corrupt
πολιτισμένος, η, ο = civilized	δραπετεύω = I escape
η εξουσία = power	διαφωνώ = I disagree
πείθω = I persuade	υπακούω = I obey
διώχνω = I expel	ο νόμος = law

75

Όταν ο Γιάννης βγήκε από την φυλακή ήταν πολύ απογοητευμένος. Δεν ήθελε να δει κανένα. Για τόσα χρόνια αγωνιζόταν για το καλό της χώρας του γράφοντας βιβλία και άρθρα στις εφημερίδες. Εκεί που περίμενε πως κάτι θα γινόταν για το καλό του τόπου, συλλήφτηκε, στάληκε στην εξορία και μετά στην φυλακή.

Μπήκε νέος στην φυλακή. Έβγαινε τώρα γέρος μ' ασπρισμένα μαλλιά. Όσοι αγωνίζονται για το δίκαιο πάντα υποφέρουν στο τέλος. Η ιστορία μας έδωσε, πολλά τέτοια παραδείγματα. Ο Ιησούς Χριστός ήταν μια τέτοια περίπτωση. Ο Προμηθέας τιμωρήθηκε απ' τον Δία γιατί έδωσε την φωτιά στους θνητούς. Ο Σπάρτακος γιατί προσπάθησε να λευτερώσει τους σκλάβους.

Η πολιτική τον είχε καταστρέψει. Τώρα κατάλαβε τι θα πει να ανακατώνεσαι στην πολιτική. Όποιος βρισκόταν στην εξουσία έριχνε στην φυλακή τους αντίπαλούς του. Τώρα κατάλαβε πως κανένας δεν πίστευε στη δημοκρατία. Όλοι, άσχετα σε ποιο κόμμα ή σε ποια παράταξη ανήκαν, είχαν τον ίδιο σκοπό: Πώς να παραμείνουν στην εξουσία, αν είναι δυνατό για πάντα. Και για να το κατορθώσουν αυτό χρησιμοποιούν την βία και τα πιο απάνθρωπα μέσα.

Έτσι λοιπόν, ο Γιάννης ετοίμασε τις αποσκευές του, πήρε το πλοίο κι έφυγε απ' τον τόπο του. Γιομάτος πίκρα και πόνο πήγε στο εξωτερικό για να δουλέψει ανάμεσα σε αγνώστους. Να ησυχάσει από τις φυσικές και πνευματικές κακουχίες της ζωής.

Notes

η φυλακή = prison
το άρθρο = article
η εξορία = exile
αγωνίζομαι = I struggle
θνητός, ή, ό = mortal
απογοητευμένος, η, ο = disappointed

συλλαμβάνω = I arrest
ανακατώνομαι = mingle, mix
αντίπαλος = opponent
απάνθρωπος, η, ο = inhuman
η κακουχία = suffering, hardship

76

Φρόντιζε πάντα να παίρνει τα μέτρα του ο 40χρονος Αθηναίος, όταν πήγαινε με την ερωμένη του στο εξοχικό του σπίτι, στην Ανάβυσσο. Δεν άφηνε ποτέ το αυτοκίνητο κάτω από το σπίτι, για να μη δίνει στόχο, αλλά σε απόσταση διακοσίων μέτρων και απόφευγε ακόμα και να ανάψει φως στην κρεβατοκάμαρα, όση ώρα έμενε εκεί.

Και έπαιρνε τα μέτρα του, γιατί είχε αντιληφθεί ορισμένες ύποπτες κινήσεις της πεθεράς του, που τον είχε βάλει στο μάτι και ήθελε να τον συλλάβει επ' αυτοφώρω με την ερωμένη του, για να μπορέσει να πείσει την κόρη της να τον χωρίσει.

Η πεθερά είχε αναθέσει την υπόθεση σε ιδιωτικό ντετέκτιβ, ο οποίος παρακολουθούσε στενά το... ζωηρό γαμπρό. Ο τελευταίος αντιλήφθηκε την παρακολούθηση και, επιπλέον, πληροφορήθηκε το όνομα του ντετέκτιβ και τη διεύθυνση του γραφείου του. Ήρθε σε επαφή μαζί του και κατάφερε να τον κάνει δικό του άνθρωπο. Με τον τρόπο αυτό, ο 40χρονος Αθηναίος εκμηδένισε τον κίνδυνο της σύλληψης και άφοβα κατέφευγε στο ερωτικό του κρησφύγετο.

Περιοδικό Ταχυδρόμος

Notes

τα μέτρα = measures, precautions	ο στόχος = aim
ύποπτος = suspicious	επ' αυτοφώρω = red handed
αναθέτω = I entrust	εκμηδενίζω = I eliminate
το κρησφύγετο = hiding place	η επαφή = contact

77

Έχουν περάσει από τότε εκατόν ογδόντα χρόνια. Είναι προ-παραμονή Χριστουγέννων του 1818. Βρισκόμαστε στο αυστριακό χωριό Όμπεντορφ, που από εβδομάδες το έχουν σκεπάσει τα χιόνια και το κρύο είναι τρομερό. Ο εφημέριος του χωριού Ιωσήφ Μορ ετοιμάζει την εκκλησία του και περισσότερο ασχολείται με τους καθιερωμένους χριστουγεννιάτικους ύμνους, που θα ψαλούν την ημέρα της μεγάλης γιορτής, για να συγκινήσουν τους πιστούς του μικρού αυστριακού χωριού.

Όλα επήγαιναν καλά και ωραία μέχρι τη στιγμή που έγινε κάτι, που δεν το περίμενε κανείς. Το εκκλησιαστικό όργανο, που συνόδευε τη χριστουγεννιάτικη υμνωδία χάλασε... Δεν έπαιζε καθόλου... Τι ακριβώς έπαθε, δεν είναι γνωστό. Άλλοι λένε,πως μια γάτα κατέστρεψε τους κρυφούς μηχανισμούς του, κι άλλοι – το πιο περίεργο – ότι ένα... ποντικάκι έκοψε τις χορδές του... Όπως και νάχει το πράγμα, το αποτέλεσμα ήταν ότι το μουσικό όργανο της εκκλησίας του Ομπεντόρφ δεν έπαιζε πια καθόλου και οι πιστοί του χωριού εκείνη τη χρονιά δεν θα μπορούσαν να απολαύσουν όπως τα προηγούμενα χρόνια τις χριστουγεννιάτικες υμνωδίες.

Ο Ιωσήφ Μορ όμως στη δύσκολη αυτή στιγμή δεν τα έχασε. Κάλεσε αμέσως το μουσικό του χωριού Φραντς Γκρούμπερ και, αφού του εξήγησε τι συνέβηκε, του είπε ότι μ' οποιοδήποτε τρόπο, έπρεπε να έχουν για τα Χριστούγεννα ένα άλλο ύμνο, που να ψάλλεται χωρίς τη συνοδεία εκκλησιαστικού οργάνου. Το δύσκολο αυτό έργο θα το έκαναν κι οι δυο. Έτσι κι έγινε.

Notes

η προπαραμονή = two days before
ο εφημέριος = parish priest
καθιερωμένος, η, ο = dedicated
ψάλλω = I chant
συνοδεύω = I accompany
απολαμβάνω = I enjoy

τρομερός = terrible
ασχολούμαι = to be busy, occupied
ο ύμνος = hymn
το όργανο = church organ
η χορδή = cord
οι πιστοί = the faithful

78

Η παράδοση αναφέρει ότι ο Μορ και ο Γκρούμπερ την παραμονή των Χριστουγέννων του 1818 ξενύχτησαν. Ο πρώτος έγραφε τα λόγια και ο δεύτερος τη μουσική. Έτσι το πρωί της γιορτής οι Χριστιανοί του Ομπεντόρφ, που συγκεντρώθηκαν στην εκκλησία τους, δεν άκουσαν το εκκλησιαστικό όργανο να συνοδεύει τους καθιερωμένους χριστουγεννιάτικους ψαλμούς. Είχαν την τύχη ν' ακούσουν κάτι καλύτερο που τους συγκίνησε περισσότερο κι εγέμισε τις απλές ψυχές τους από ιερό ενθουσιασμό. Άκουσαν για πρώτη φορά το «Άγια Νύχτα», που ο ποιητής κι ο συνθέτης το ψάλλανε με τη συνοδεία μιας κοινής κιθάρας. Κι έπειτα μόλις ο Μορ κι ο Γκρούμπερ τελειώσανε την πρώτη εκτέλεση του μικρού έργου τους, ολόκληρο το εκκλησίασμα άρχισε μόνο του αυθόρμητα να ψάλλει: «Στίλλε Ναχτ! Χάιλιγκς Ναχτ!» («Γαλήνια Νύχτα! Άγια Νύχτα»).

Η μικρή χριστουγεννιάτικη υμνωδία, που έγινε μέσα σε μια νύχτα, είχε συνεπάρει το εκκλησίασμα, κι από την πρώτη στιγμή είχε επιβληθεί στην χριστιανική ψυχή. Γι' αυτό το «Άγια Νύχτα» από το μικρό αυστριακό χωριό που ακούστηκε για πρώτη φορά διαδόθηκε σ' ολόκληρο τον κόσμο. Άρεσε και αρέσει πάντα σ' όλους τους Χριστιανούς οπουδήποτε το ακούσουν κατά τις άγιες αυτές ημέρες. Είναι πολύ χαρακτηριστικό ότι μόνο στις ΗΠΑ ο δίσκος κυκλοφόρησε και πουλήθηκε σε περισσότερα από δέκα εκατομμύρια αντίτυπα.

Notes

ξενυχτώ = I stay awake
η Άγια Νύχτα = Holy Night
κοινός, ή, ό = ordinary
το εκκλησίασμα = congregation
συνεπαίρνω = to be over-whelmed, (carried away)
κυκλοφορώ = to circulate

συγκινώ = I move (emotionally)
ο συνθέτης = composer
η εκτέλεση = performance
αυθόρμητα = spontaneously
επιβάλλω = to impose
διαδόθηκε = spread

79

Κάμποση ώρα γύρω από το μαγκάλι οι δυο μας σωπαίναμε. Βεβαιώθηκα πάλι πόσο η ευτυχία είναι πράγμα απλό και λιτοδίαιτο – ένα ποτήρι κρασί, ένα κάστανο, ένα φτωχικό μαγκαλάκι, η βουή της θάλασσας, τίποτα άλλο. Χρειάζεται μονάχα, για να νιώσεις πως όλα τούτα είναι ευτυχία, μια καρδιά απλή και λιτοδίαιτη.

- Πόσες φορές παντρεύτηκες Ζορμπά; ρώτησα ύστερα από λίγη ώρα.

Ο Ζορμπάς δεν με άκουσε· ένας Θεός ξέρει σε τι πέλαγα αρμένιζε ο νους του και δεν μπορούσε να τον φτάσει η φωνή μου. Άπλωσα το χέρι, τον άγγιξα.

- Πόσες φορές παντρεύτηκες, Ζορμπά; ξαναρώτησα.

Άκουσε, και κούνησε την χερούκλα του.

- Ου, μου αποκρίθηκε, τι κάθεσαι τώρα κι ανασκαλεύεις! Άνθρωπος δεν είμαι; Έκαμα κι εγώ την Μεγάλη Κουταμάρα· έτσι λέω, και να με συμπαθούν όλοι οι παντρεμένοι, το γάμο. Έκαμα λοιπόν την Μεγάλη Κουταμάρα, παντρεύτηκα.

- Καλά, μα πόσες φορές;

Ο Ζορμπάς έξυσε νευρικά το λαιμό του· συλλογίστηκε μια στιγμή.

- Πόσες φορές; έκαμε τέλος. Τίμια, μια φορά, μια κι όξω· μεσοτίμια, δυο φορές· άτιμα χίλιες, δυο χιλιάδες, τρεις χιλιάδες, που να κρατώ δεφτέρι.

Ν. ΚΑΖΑΝΤΖΑΚΗΣ «Ζορμπάς»

Notes

το μαγκάλι = brazier   η βουή = noise, roar

αρμενίζω = to sail
ανασκαλεύω = to stir up, to question
λιτοδίαιτος, η, ο = frugal

το πέλαγος = open sea
η χερούκλα = big arm
η κουταμάρα = stupidity

80

Η λογοτεχνία ενός λαού αρχίζει από την εποχή της εθνικής του συνείδησης. Αυτή η «εθνική συνείδηση» πολλές φορές παρουσιάζεται σε διάφορες μπαλάντες ή ηρωικούς στίχους που εξυμνούν την ανδρεία μερικών ή κάποιου που αγωνίζεται για το καλό του τόπου του. Στα αρχαία χρόνια το έπος της Ομηρικής Ιλιάδας αποτελούσε ένα τέτοιο σταθμό στην αρχαία ελληνική φιλολογία. Τα κατορθώματα του Αχιλλέα και όλων των άλλων βασιλιάδων που πήραν μέρος στον Τρωικό Πόλεμο παρουσίαζαν μια «ελληνική ενότητα», μια «ελληνική συνείδηση».

Φυσικά η ιστορία της Ελλάδας απ' τον Όμηρο και μετά άλλαξε και ακολούθησε διάφορες πορείες. Μεγαλούργησε κατά τον 5ο και 4ο αιώνα π.Χ. και μετά άρχισε η πτώση: Ρωμαϊκή αυτοκρατορία, Φράγκοι, Τούρκοι. Πότε λοιπόν αρχίζει η Νεοελληνική Λογοτεχνία; Αν παραδεχτούμε την άποψη ότι το έπος ενός λαού αποτελεί ορόσημο, μια αρχή ή μια ρίζα μιας νέας εποχής τότε μπορούμε να πούμε ότι το έπος του «Διγενή Ακρίτα» και γενικά ο Ακριτικός Κύκλος ποιημάτων αποτελεί την ρίζα της νεοελληνικής λογοτεχνίας μας.

Για τα Ακριτικά ποιήματα και ιδιαίτερα για το έπος του «Βασιλείου Διγενή Ακριτή» πρωτομάθαμε κατά τον 19ο αιώνα όταν βρέθηκε το χειρόγραφο του ποιήματος στην Τραπεζούντα της Μ. Ασίας και εκδόθηκε για πρώτη φορά από τον Σάθα και τον Γάλλο Λεγκράντ στα 1875.

Το έπος του «Διγενή» αποτελείται από δέκα βιβλία και το

χειρόγραφο είναι του 16ου αιώνα. Λίγο πιο ύστερα διάφορα άλλα χειρόγραφα του ίδιου ποιήματος ανακαλύφτηκαν σε διάφορες χώρες.

Κ. ΤΟΦΑΛΛΗ «Ιστορία Νεοελληνικής Λογοτεχνίας»

Notes

η συνείδηση = conscience
εξυμνώ = I praise
το έπος = epic
ο σταθμός = landmark
η πορεία = course
το χειρόγραφο = manuscript

η μπαλάντα = ballad
η ανδρεία = bravery
αποτελώ = I constitute
το κατόρθωμα = achievement
το ορόσημο = landmark

81

Όλα τελείωσαν. Ο Ζορμπάς μάζεψε το σύρμα, τα εργαλεία, τα βαγονάκια, τα σιδερικά, την ξυλεία, τα 'καμε σωρό στο ακρογιάλι και περίμενε νά 'ρθει το καΐκι και να φορτώσει.

- Σου τα χαρίζω, Ζορμπά, είπα· δικά σου, και καλά κέρδη.

Ο Ζορμπάς έσφιξε το λαιμό του, σα νά 'θελε να κρατήσει ένα λυγμό.

- Χωρίζουμε; μουρμούρισε. Πού θα πας αφεντικό;

- Φεύγω για την ξενητιά· έχει ακόμα πολλά χαρτιά να φάει μέσα μου η κατσίκα.

- Δεν έβαλες ακόμα γνώση, αφεντικό;

- Έβαλα, Ζορμπά, ας είσαι καλά· μα ακολουθώ τον εδικό σου δρόμο· θα κάμω με τα βιβλία ό,τι έκαμες και συ με τα κεράσια· θα φάω τόσο πολύ χαρτί, που θα μου 'ρθει αναγούλα, θα κάμω εμετό και θα γλυτώσω.

- Και τι θα γίνω εγώ, χωρίς τη συντροφιά σου, αφεντικό;

- Μη θλίβεσαι, Ζορμπά, θα ξανασμίξουμε πάλι και θα βάλουμε, ποιος ξέρει, μεγάλη η δύναμη του ανθρώπου, σε πράξη το μεγάλο μας σχέδιο.

Είχε νυχτώσει, είχαμε 'ποφάει και τώρα κάναμε τη στερνή μας κουβέντα κουτσοπίνοντας· αύριο θα χωρίζαμε – θα 'φευγα εγώ για το Κάστρο.

Κοίταξα το Ζορμπά ν' ανασηκώνει το λιγνό του κοκαλιάρικο λαιμό και να πίνει αμίλητος· τον κοίταζα και στοχαζόμουν πόσο αλήθεια καταπληχτικό μυστήριο είναι ετούτη η ζωή και πώς σμίγουν και χωρίζουν οι άνθρωποι σα φύλλα φθινοπωριάτικα που τα κυνηγά η μπόρα· και πως του κάκου μοχτάς ν' αρπάξεις με τη ματιά σου το πρόσωπο, το σώμα, τις χειρονομίες του ανθρώπου που αγαπάς – κι όμως σε λίγα χρόνια δε θα θυμάσαι πια αν ήταν γαλάζια ή μαύρα τα μάτια του...

«Μπρούντζος σκληρός, φώναζα από μέσα μου, ατσάλι έπρεπε νάναι η ψυχή του ανθρώπου, κι όχι αγέρας».

ΝΙΚΟΥ ΚΑΖΑΝΤΖΑΚΗ «Βίος και πολιτεία του Αλέξη Ζορμπά»

Notes

το σύρμα = cable, wire	το βαγόνι = wagon
η ξυλεία = timber	ο λυγμός = sob
το αφεντικό = boss	κουτσοπίνω = I drink slowly
στοχάζομαι = I reflect	η μπόρα = storm
του κάκου = in vain	η χειρονομία = gesture

82

Ο λόγος για τον οποίο καθιερώθηκε η 25η Δεκεμβρίου σα μέρα γιορτασμού των Χριστουγέννων, είναι κυρίος τούτος:

Με τη διάδοση του χριστιανισμού, η εκκλησία βρέθηκε πολλές φορές αντιμέτωπη με διάφορα ειδωλολατρικά έθιμα, τα οποία ο λαός με κανένα τρόπο δεν εννοούσε να καταργήσει. Το κήρυγμα της εκκλησίας εναντίον όλων αυτών των εθίμων τα οποία ήταν βαθειά ριζωμένα στη λαϊκή ψυχή, αποδεικνυόταν ανίκανο να το ξεριζώσει. Άφηνε τότε η εκκλησία ανενόχλητα αυτά τα έθιμα, αλλά τους έδινε κάποιο χριστιανικό νόημα.

Στις 25 Δεκεμβρίου, κάθε χρόνου, οι ειδωλολάτρες γιόρταζαν τη «Γέννηση του Ανίκητου» μια γιορτή που είχε την καταγωγή της στη λατρεία του ασιατικού Θεού Μίθρα. Η γιορτή λοιπόν, αυτή της επιστροφής του ήλιου στη ζωή ήταν διαδεδομένη στη Δύση και στην Ανατολή. Για το γεγονός αυτό, στις 25 Δεκεμβρίου, στη Ρώμη, στην Ελλάδα και στη Μικρασία, γίνονταν πανηγύρια με φαγοπότια και χορούς, που, κι όταν ακόμα επικράτησε ο χριστιανισμός, δε ξεχάστηκαν, αλλά επαναλαμβάνονταν κάθε χρόνο.

Notes

καθιερώνω = establish
η διάδοση = spread
το κήρυγμα = preaching
ριζωμένος, η, ο = rooted
ο ειδωλολάτρης = pagan

καταργώ = abolish
η λατρεία = worship
ανίκανος, η, ο = incapable, unable
ο Ανίκητος = Invincible

83

Φυσάει στα σταυροδρόμια του κόσμου... Στους δρόμους δεν βλέπεις καμιά ψυχή, κανέναν άνθρωπο να περπατά στα καλτερίμια να διακόπτει έτσι την άγια σιγή της νύχτας. Τα ηλεκτρικά στους δρόμους λες και τρεμοσβήνουν σαν καντήλια μπρος στις άγιες εικόνες ορθόδοξης εκκλησιάς.

Η νύχτα προχωρεί, η μεγαλούπολη – το Λονδίνο – βρίσκεται σε βαθύ ύπνο... φωνή καμιά, η ειρήνη βασιλεύει.

Μα μεσ' την τόση γαλήνη, την τόση ησυχία, ένας διάβολος της νύχτας, ένας εχθρός της γαλήνης είναι ξύπνιος. Αυτός ο ανυπόταχτος στη γαλήνη, αυτός που μιλάει με τις φουρτούνες της νύχτας αυτός που κουβεντιάζει με το βουητό του αγέρα και παριστάνει τον άγρυπνο φρουρό της μοναξιάς, είναι ξαπλωμένος σ' ένα παγκάκι στο πάρκο τ' Αγίου Ιακώβου. Κοιτάζει τη λίμνη απέναντι και τις πάπιες που κρυφοερωτεύονται πίσω στα χαμόκλαδα.

Τυλιγμένος στο χοντρό του παλτό παρακολουθεί τους άγριους σκοπούς της φύσης. Το ξέρει, θάρτει η μέρα, θάρτει το φως, θα συχάσει η μπόρα, μα αυτός θα πάει να κρυφτεί τα χαράματα σαν μια νυχτερίδα, για να μην τονε δει το φως, το ανθρώπινο γένος που τον περιφρόνησε τόσο και τον πέταξε σακάτη κι έρημο στο έλεος της φύσης.

Τα μεσάνυχτα φτάνουν κι ο αγέρας συνεχίζει τον μανιασμένο του σκοπό, λες και θέλει να πάρει όλα, όσα βρίσκει στο διάβα του. Όμως ο γερο σακάτης την πείνα και την κατάντια του συλλογιέται. Την αδικία, το μίσος και την ζήλεια που κυριαρχούν στην κοινωνία, γίνεται πνευματικός επαναστάτης, δεν θέλει να αντικρύσει κανένα γιατί τους θεωρεί υπεύθυνους για το κατάντημά του.

ΚΥΠΡΟΥ ΤΟΦΑΛΛΗ «Διηγήματα»

Notes

τρεμοσβήνω = flicker, glimmer	ανυπόταχτος, η, ο = unsubdued
παριστάνω = to depict	τα χαμόκλαδα = bushes
το γένος = race	περιφρονώ = to ignore
ο σακάτης = cripple	το έλεος = mercy
η κατάντια = condition, state	κυριαρχώ = dominate

84

- Μη θυμώνεις, αφεντικό. Όχι, δεν πιστεύω τίποτα. Αν πίστευα στον άνθρωπο, θα πίστευα και στο Θεό, θα πίστευα και στο διάολο· και είναι μεγάλη φασαρία. Μπερδεύονται τα πράγματα, αφεντικό, βρίσκω τον μπελά μου.

Σώπασε. Έβγαλε το σκούφο του, έξυσε το κεφάλι του με μανία τράβηξε πάλι τα μουστάκια του, σαν να 'θελε να τα ξεριζώσει· ήθελε κάτι να πει, μα κρατιόταν. Με κοίταξε με την κόχη του ματιού, με ξανακοίταξε, πήρε απόφαση.

- Ο άνθρωπος είναι χτήνος! φώναξε και χτύπησε με θυμό το ραβδί του στις πέτρες. Μεγάλο χτήνος. Δεν το ξέρει η ευγένειά σου, σου ήρθαν μαθές όλα βολικά, μα ρώτα και μένα· χτήνος σου λέω! Του 'καμες κακό; Σε σέβεται και σε τρέμει. Του 'καμες καλό; Σου βγάζει τα μάτια.

Κράτα την απόσταση, αφεντικό! Μη δίνεις θάρρος στους ανθρώπους, μην τους λες πως όλοι είμαστε ίσοι, πως όλοι έχουμε τα ίδια δικαιώματα· γιατί ευτύς θα σου πατήσουν το δίκιο σου, θα σου αρπάξουν το ψωμί σου και θα σε αφήσουν να ψοφήσεις της πείνας. Κράτα την απόσταση αφεντικό, το καλό που σου θέλω!

- Μα δεν πιστεύεις εσύ σε τίποτα; έκαμα φουρκισμένος.

- Όχι, δεν πιστεύω σε τίποτα – πόσες φορές να σου το πω; Δεν πιστεύω σε τίποτα, μήτε σε κανένα, παρά μονάχα στο Ζορμπά. Όχι γιατί ο Ζορμπάς είναι καλύτερος από τους άλλους, καθόλου, μα καθόλου! Χτήνος και αυτός. Μα πιστεύω στο Ζορμπά, γιατί αυτόν μονάχα εξουσιάζω, αυτόν μονάχα ξέρω, όλοι οι άλλοι φαντάσματα. Με τα μάτια του βλέπω, με τα αυτιά του ακούω, με τ' άντερά του χωνεύω. Άμα θα πεθάνω εγώ, όλα πεθαίνουν. Όλος ο Ζορμπαδόκοσμος πάει στο φούντο!

Ν. ΚΑΖΑΝΤΖΑΚΗ «Βίος και πολιτεία του Αλέξη Ζορμπά»

Notes

ο μπελάς = trouble
η κόχη = corner of the eye
φουρκισμένα = angrily
το φόντο = background

κρατιέμαι = I control myself
το χτήνος = beast, brute
τα έντερα = intestines
εξουσιάζω = to be in authority

85

Ρίχνοντας μια σύντομη κοινωνιολογική ματιά στις περασμένες κοινωνίες μπορούμε να ξεχωρίσουμε και να πούμε πως στην πανάρχαια κοινωνία, τα γένη ή οι φυλές ζούσαν αναμεταξύ τους συντροφικά, δηλαδή τα μέλη του κάθε γένους ζούσανε κοινά, μ' άλλα λόγια μοιραζότανε όλα τα αγαθά που παράγανε μεταξύ τους.

Στη δουλοχτητική κοινωνία, ο δούλος είτανε η περιουσία του άρχοντα, δούλευε σκληρότατα, πούλαγε εντελώς δωρεάν τις σωματικές του δυνάμεις στο αφεντικό και σαν ανταμοιβή έπαιρνε ένα κομμάτι ψωμί.

Με την πτώση της Ρωμαϊκής Αυτοκρατορίας, το δουλοχτητικό σύστημα είχε πάρει νέα όψη. Είχε αντικατασταθεί με το φεουδαρχικό σύστημα, όπου ο πρώην δούλος της «κλασσικής» εποχής, είχε μετατραπεί σε δουλοπάροικο. Είχε μ' άλλα λόγια αποχτήσει κάποια ελευθερία, ενώ στην πραγματική ουσία παράμενε δούλος στο αφεντικό.

Με την πτώση του φεουδαρχισμού στην Ευρώπη (15ος και 16ος αιώνας), ο καπιταλισμός είχε γίνει ο αντικαταστάτης. Ο δουλοπάροικος της φεουδαρχικής εποχής μετατρέπεται σε εργάτη, όπου αποχτά περισσότερη ελευθερία μα πάλι στην ουσία, σύμφωνα με την θεωρία του Καρλ Μαρξ «παραμένει σκλάβος του μισθού». Δηλαδή ο εργάτης στην καπιταλιστική κοινωνία παρόλο ότι του παρέχεται περισσότερη ελευθερία έκφρασης παραμένει να είναι «οικονομικά σκλάβος», κι αυτός που εξαρτιέται οικονομικά από κάποιον άλλο δεν μπορεί να ονομάζεται λεύτερος.

ΚΥΠΡΟΥ ΤΟΦΑΛΛΗ «Μελέτες»

Notes

η κοινωνιολογία = sociology
συντροφικά = communally
τα αγαθά = goods
δουλοχτητικός = slave-owning
φεουδαρχικός = feudal

η ουσία = essence
η κοινωνία = society
η φυλή, το γένος = race, tribe
η ανταμοιβή = reward
ο δουλοπάροικος = serf

86

Σημαντικό βήμα αλλαγής και προόδου αποτελεί η καθιέρωση του πολιτικού γάμου ως ισόκυρου με τον θρησκευτικό. Ένα μέτρο που έγινε δεκτό με ενθουσιασμό από τη μεγάλη πλειοψηφία του λαού, όπως δείχνουν οι αιτήσεις των ενδιαφερομένων που συνεχώς αυξάνουν.

Ο γάμος είναι μυστήριο ή μόνο μυστήριο όπως τον εμφανίζει η εκκλησία αλλά και σχέση ζωής δύο ατόμων και αργότερα περισσότερων που θα προέλθουν από τη σχέση αυτή. Ο γάμος ρυθμίζεται από νόμους και λειτουργεί μέσα σ' ένα θεσμικό πλαίσιο και επομένως ο μόνος αρμόδιος φορέας για την επικύρωσή του είναι η Πολιτεία. Πέραν αυτού ο πολιτικός γάμος είναι και προοδευτικός σαν θεσμός.

Για την πραγματοποίηση του πολιτικού γάμου δεν χρειάζονται έξοδα. Μια αίτηση στο δημαρχείο, δύο μάρτυρες και οι υποψήφιοι σύζυγοι αρκούν. Η όλη διαδικασία δεν ξεπερνά τα 5 λεπτά. Αν θέλουν βέβαια οι ενδιαφερόμενοι μπορούν να κάνουν και πολυέξοδο γάμο με νυφικά, στολισμό, λουλούδια, δεξίωση κλπ.

— 100 —

Οι πρώτοι πολιτικοί γάμοι έγιναν με ιδιαίτερη επισημότητα από τους δημάρχους σε ειδικά διαρρυθμισμένους χώρους και δεν είχαν τίποτα να ζηλέψουν από τη μεγαλοπρέπεια του θρησκευτικού.

Η θέσπιση του νέου θεσμού έλυσε επίσης και διάφορα κοινωνικά προβλήματα που εκκρεμούσαν όπως π.χ. αναγνωρίστηκαν από την Πολιτεία οι πολιτικοί γάμοι που έγιναν στο εξωτερικό από Έλληνες.

Notes

η καθιέρωση = establishment
το μυστήριο = ceremony, mystery
ο θεσμός = institution
αρμόδιος, α, ο = appropriate, suitable
η επικύρωση = sanction, validation
διαρρυθμισμένος = arranged

η θέσπιση = enactment
ισόκυρος = equivalent
ρυθμίζω = I regulate
το πλαίσιο = framework
ο φορέας = bearer, carrier
η διαδικασία = procedure
η μεγαλοπρέπεια = grandeur
εκκρεμής = pending, unsettled

87

Μέχρι πρόσφατα οι Ελληνίδες ήταν διαπαιδαγωγημένες σε μια ζωή κλειστή κοντά στην οικογένεια, σίγουρη, χωρίς περιπέτεια. Γι' αυτό ήταν λίγες αυτές που ξενητεύονταν μόνες τους. Οι περισσότερες ακολουθούσαν τον πατέρα ή τον σύζυγο σ' αυτό το δρόμο.

Από αγροτικές περιοχές οι περισσότερες, μεγαλωμένες σε αυστηρά πατριαρχικές οικογένειες. Με περιορισμένες γραμματικές γνώσεις ήταν τελείως ανέτοιμες να αντιμετωπίσουν ένα ριζικά καινούργιο τρόπο ζωής, όπως αυτόν στις μεγάλες βιομηχανικές πόλεις του εξωτερικού. Γι' αυτό το ξέκομμα της γυναίκας, από την πατρίδα, από ένα συγκεκριμένο τρόπο ζωής ήταν κάτι πολύ δύσκολο. Το καινούργιο, το άγνωστο, το ξένο δεν είναι πάντα όμορφο. Δεν είναι για όλους!

Έτσι η συνάντηση με μια νέα κοινωνία δεν ήταν μόνο επώδυνη από οικονομική άποψη αλλά κυρίως από ψυχολογική και κοινωνική. Κι αυτό γιατί λείπουν οι βασικές προϋποθέσεις για μια ομαλότερη προσαρμογή στις νέες συνθήκες. Τέτοιες προϋποθέσεις είναι οι δυνατότητες που έχει ο μετανάστης να μάθει σύντομα τη γλώσσα που μιλιέται στη χώρα εγκατάστασης, την πληροφόρηση για τις υποχρεώσεις και τα δικαιώματά του.

Notes

διαπαιδαγωγημένος = trained
περιορισμένος = limited
συγκεκριμένο = precise
η προϋπόθεση = assumption, pre-supposition
προσαρμογή = adjustment

ξενητεύομαι = I emigrate
αντιμετωπίζω = I confront, face
επώδυνος, η, ο = painful
ομαλός, ή, ό = smooth
η υποχρέωση = obligation

88

Τη σημασία που έχει το παιδικό βιβλίο την έχουν επισημάνει όλοι οι ψυχολόγοι και παιδαγωγοί. Στο σύνολό τους σχεδόν έχουν καταδικάσει τα πολύ γνωστά και σ' όλο τον κόσμο πολυδιαβασμένα βιβλία σαν την Κοκκινοσκουφίτσα, και την Αλίκη στη χώρα των θαυμάτων. Σ' όλα αυτά τα εξωτερικά χαριτωμένα και αθώα αναγνώσματα υπάρχει από κάτω σαδισμός, που διαπερνάει την παιδική ευαισθησία και της προκαλεί φόβο κάποτε και φοβίες.

Το παιδικό βιβλίο έπρεπε να αλλάξει από τη ρίζα του γι' αυτό αντί να το αναθέσουνε σε παραμυθάδες το αναλάβανε εκπαιδευτικοί, ψυχολόγοι, ζωγράφοι. Χιλιάδες είναι τώρα τα βιβλία που μιλάνε στα πολύ μικρά παιδιά με ζωγραφιές (σ' αυτόν τον τομέα οι Ιταλοί, οι Γάλλοι, οι Γερμανοί και οι

Ολλανδοί έχουν κάνει θαύματα εκδόσεων). Μέσα από τις ζωγραφιές και τις πολύ λιγόλογες ιστορίες η φαντασία των παιδιών μένει ελεύθερη στην ανάπλαση και συμπλήρωση της ιστορίας, που κυρίως κοιτάζουν.

Η άλλη προσπάθεια είναι να μάθουνε στα παιδιά αυτά που κάποτε τους κρύβανε σαν ντροπές όπως π.χ. η σύλληψη και κυοφόρηση της ζωής. Η Σπερμούλα π.χ. ένα χαριτωμένο μικρό βιβλίο γεμάτο ζωγραφιές μαθαίνει στο παιδί την ύπαρξη του σπερματοζωάριου, του αυγού, του ειδύλλιου αυτών των δύο, τη δημιουργία του όντος. Έτσι εκείνοι οι πελαργοί που φέρνανε τα μωρά πετάξανε, το ψεύδος αντικαταστάθηκε από την αλήθεια κι αυτή η αλήθεια είναι χίλιες φορές πιο χρήσιμη και επιβεβαιωτική για το παιδί γιατί πρώτα-πρώτα το σώνουν από το κύριο ψυχολογικό σοκ που λέγεται «ανακάλυψη του ψεύδους των γονιών».

Notes

επισημαίνω = to indicate
καταδικάζω = to condemn
η ανάπλαση = recollection, recalling to mind
η κυοφόρηση = pregnancy
το ον = being, creature
ο παιδαγωγός = educationist
ο σαδισμός = sadism

διαπερνώ = to penetrate
η φοβία = phobia
η ευαισθησία = sensitivity
ο παραμυθάς = story teller
η σύλληψη = conception
το σπερματοζωάριο = spermatozoon
ο πελαργός = stork

89

Αύγουστος ήταν. Από τη Θεσσαλονίκη που κατέβηκε με το τρένο – τίποτα δε στάθηκε να δει – γραμμή λεωφορείο και στην Κοζάνη, γραμμή κι από κει για την Κόνιτσα. Εκεί το νοίκιασε το μικρό ημιφορτηγό για τις έξι βαλίτσες του, κάτι δέματα, κάτι πακέτα, όλα μικρότερα – τα κέρδη του από την Γερμανία. Σε τρεις τέσσερις ώρες σταματήσανε στο μικρό μπακάλικο ήταν από τότε πριν φύγει. Τώρα με το δρόμο που φτιάξανε, το μεγαλώσανε και σταματούν εκεί τα λεωφορεία. Κατέβασε τα πράματα, πλήρωσε τον άνθρωπο, έφυγε το φορτηγάκι, αυτός στάθηκε μια στιγμή και κοίταξε γύρω του. Αριστερά του το βουνό της Λάιστας, κάτω η βαθιά ποταμιά που πάει με τ’ άλλα νερά να βρει τον Αώο.

Είκοσι χρόνια τα ’στειλε ταχτικά κάθε μήνα στους γονιούς του τα ογδόντα του μάρκα και να ’ρθει δε θέλησε. Δεν ήταν μόνο για τα λεφτά, την οικονομία και δεν ήταν ύστερα μονάχα για τη δικτατορία, τις φασαρίες.

Εκεί τον βρήκαν αργότερα, τον γνωρίσανε, τον βοήθησαν να κατεβάσουν τα πράματα, μπήκε στο πατρικό του ήρθαν όλοι, τον καλωσορίσανε, τον δεχτήκανε μετά χαράς, μείνανε ως το βράδυ μαζί του.

Notes

το ημιφορτηγό = van, pickup   τα κέρδη = profits (savings)

90

Κάθε μάνα που μεγαλώνει μικρά παιδιά και που συμβαίνει να έχει μια συσκευή τηλεόρασης που κοσμεί το ελληνικό σπιτικό, ξέρει πολύ καλά πόσο χρήσιμη, πόσο ευχάριστη και αποτελεσματική είναι η TV σαν baby sitter. Θέλει να πάει για ψώνια; Στο κομμωτήριο; Να μαγειρέψει; Να κουβεντιάσει με μια φίλη της; Δεν είναι ανάγκη να κρέμεται κι ο μπόμπιρας απ’ τη φούστα της ή να μπαίνει διαρκώς ανάμεσα στα πόδια της... Αρκεί, σε οποιαδήποτε περίπτωση, να τον στήσει μπροστά στο μαγικό κουτί, να πατήσει το κουμπί, και να: ένας κόσμος ολόκληρος από αεροπόρους, κλόουν, ήρωες, αστροναύτες... ένας κόσμος ολόκληρος ζωντανεύει μπροστά του, για να συντροφέψει το παιδί, να το απασχολήσει, να το μαγνητίσει να το μαγέψει, να το μορφώσει...

Εύκολη λύση καθώς είναι η τηλεόραση τόσο για τη δική μας ενημέρωση και ψυχαγωγία όσο και για την απασχόληση του παιδιού, ξοδεύουμε χωρίς να το καταλάβουμε ένα τεράστιο μέρος της ζωής μαζί της. Ένα μέσο Ελληνόπουλο που έχει στο σπίτι του τηλεόραση, έχει μέχρι τα οκτώ του κιόλας χρόνια περάσει διπλάσιες ώρες μαζί της απ' όσες ένας μαθητής περνά πάνω στο γυμνασιακό θρανίο.

Κι ύστερα μιλάμε για την Παιδεία... Ποια Παιδεία; Το σχολείο είναι τέλεια ανίσχυρο μπροστά στη θαυματουργή συσκευή. Είδατε πόσο πιο εύκολα από έναν κανόνα της Γραμματικής αποστηθίζει ένα παιδί το τραγουδάκι μιας διαφήμισης;

Notes

κοσμώ = I decorate
αποτελεσματικός = effective
ο μπόμπιρας = toddler

ο κλόουν = clown
ανίσχυρο = powerless

91

Στην Πανεπιστημίου, στάθηκα λίγο να κοιτάζω. Μπορεί, σκέφτηκα, να είχε σταθεί η κοπέλα στην εσοχή από κάποιο μαγαζί, προφυλαγμένη να με περιμένει. Ήξερε εκείνη, καταλάβαινε, και θα μου τα συγχωρούσε όλα.

Δεν την έβλεπα πουθενά.

Πέρασα βολίδα μπροστά από το σινεμά εκεί όπου είχαμε κοντοσταθεί την περασμένη Κυριακή, ρίχνοντας κλεφτές ματιές στις φωτογραφίες. Πουθενά. Έφτασα στο βιβλιοπωλείο.

Το άσπρο μου πουκάμισο κολλούσε απ' τον ιδρώτα. Δεν μπορεί, κάπου εδώ τριγύρω θα 'ταν σταματημένη, σε κάποιο από τα περίπτερα ν' αγοράσει περιοδικό ή κάποια καραμέλα μέντα για το λαιμό της. Σίγουρα, κρυωμένη πάλι θά 'ταν. Γι' αυτό και δε στάθηκε να με περιμένει.

Ίσως, μάλιστα, να ήταν ήδη στον Ηλεκτρικό και εκεί μες στις στοές να με περίμενε, σίγουρη πως ήξερα το δρομολόγιό της. Ωραίο που θά 'ναι το σπίτι της, σκεφτόμουν, απλό και συμπαθητικό, με λίγα έπιπλα πολλούς πίνακες και βιβλία. Θα φτιάχναμε τσάι και θα διαβάζαμε στίχους, σταματώντας για να διαβάσουμε ο ένας τα μάτια τ' αλλουνού.

Έβγαλα διπλό εισιτήριο και προχωρούσα υπνωτισμένος για το τραίνο.

Ένας άνθρωπος κοντός και παχουλός με σταμάτησε. Μου πήρε το εισιτήριο, το σφράγισε και μου το έδωσε πίσω. Σάμπως περίεργα με κοιτούσε, μα εγώ βιαζόμουν.

Κατέβηκα στις γραμμές. Ήταν κόσμος, κι εγώ προχωρούσα ανάμεσα, σκουντώντας με τους αγκώνες.

(Μ. ΚΟΥΜΑΝΤΑΡΕΑΣ)

Notes

Ηλεκτρικός = The underground railway in Athens
η εσοχή = alcove, recess
η στοά = arcade

ο αγκώνας = elbow
το δρομολόγιο = timetable, itinerary

92

Την περασμένη Δευτέρα, παρακολουθώντας τις ειδήσεις στην τηλεόραση, είχα την ευκαιρία να δω μερικές ζωντανές εικόνες που έδιναν μιαν ιδέα των αποτελεσμάτων της μακραίωνης πάλης της ανθρωπότητας για την ειρήνη. Η μια από τις εικόνες αυτές έδειχνε ένα πλοίο υπερφορτωμένο με Βιετναμέζους πρόσφυγες, που έμοιαζε σα να μην είχε πυξίδα και να είχε ξεχάσει κάπου τους χάρτες του, ακινητοποιημένο σε μια ανοιχτή θάλασσα. Έμοιαζε ως να μην είχε κανένα προκαθορισμένο σημείο πλεύσεως σε τούτο τον κόσμο. Και πραγματικά δεν είχε. Καμιά χώρα δεν δεχόταν το εξαθλιωμένο φορτίο του.

Η άλλη εικόνα έδειχνε το νέο κύμα προσφύγων της Καμπότζης που ακολουθώντας τα ίχνη άλλων προσφύγων που είχαν προηγηθεί, τρεις φορές σε λίγο χρονικό διάστημα, παραπατούσαν, γλιστρούσαν, έπεφταν μέσα σ' ένα ζουγκλοειδές τοπίο, με κύριο χαρακτηριστικό τα βρέφη, που άλλα τα κρατούσαν οι μητέρες στην αγκαλιά τους, άλλα τά 'σερναν τραβώντας τα από τα χέρια. Το θέμα δεν είναι να αναζητήσει κανείς τις αιτίες αυτών των διαδοχικών τραγωδιών, προκειμένου να εντοπίσει το ιδεολογικό δίκαιο ή άδικο που τις προκάλεσε. Ενδιαφέρει αυτό καθ' εαυτό το θέμα της τραγωδίας των λαών που δεν προβλέπεται κοντινό το τέλος της. Όλα, είτε για λάθη πρόκειται είτε για αυθαιρεσίες γίνονται επ' ονόματί τους κι όλα εγγράφονται στο παθητικό του δικού τους λογαριασμού.

(Ν. ΒΡΕΤΤΑΚΟΣ)

Notes

η πυξίδα = rudder, compass
αυθαιρεσίες = dictatorial actions
διαδοχικός = successive

ακινητοποιημένο = immobilized, at a standstill
ζουγκλοειδές = jungle like

93

Την άλλη μέρα πολύ πρωί ξεκινήσαμε. Ο ήλιος μόλις είχε βγει. Ο μπάρμπα-Ιωσήφ πήγαινε πρώτος με αργά βήματα, κοιτάζοντας χαμηλά τη γη, κι εμείς ακολουθούσαμε χαρούμενα. Συζητούσαμε τι δέντρο θα διαλέξει ο καθένας μας και κάναμε πολλή φασαρία. Τέλος συμφωνήσαμε. Η Άρτεμη διάλεξε μια αγριελιά. Δεν ήξερε να πει γιατί, αλλά πολύ αγαπούσε τη γαλήνη του ελαιώνα, το ασημένιο φύλλωμα, τους τυραννισμένους κορμούς. Εγώ διάλεξα μια αχλαδιά.

Φτάσαμε. Ο μπάρμπα-Ιωσήφ απόθεσε καταγής το μάτσο τις βέργες που κουβαλούσε μαζί του, τα μπόλια. Δεν έβλεπε πια καλά· γι' αυτό πασπάτευε το άγριο δέντρο, τα κλώνια του, γυρεύοντας να βρει το καλό μέρος. Ολοένα η έκφραση του γινόταν πιο αυστηρή. Τα μάτια του δεν κοίταζαν πουθενά πλάι, μήτε εμάς. Ολοένα έχαναν τη λάμψη τους, σαν να έσβηναν· όλη η ύπαρξη του έσβηνε, για να μείνει μόνη, πυκνή η ζωή της αφής. Όταν επιτέλους βρήκε το μέρος που ήθελε, σήκωσε τα μάτια του στον ήλιο. Έκαμε το σταυρό του τρεις φορές και τα χείλια του κάπως σάλεψαν, ενώ ψιθύριζαν τη μυστική του δέηση.

Ηλίας Βενέζης: Αιολική Γη

Notes

ο ελαιώνας = olive grove	το μπόλιο = graft
η γαλήνη = peace, tranquility	η αφή = touch
το μάτσο = bundle, bunch	η δέηση = prayer
η βέργα = stick	

94

Πήγε στο σακάκι του, έψαξε στην εσωτερική τσέπη, βρήκε το πορτοφόλι. Οι φωτογραφίες ήταν βγαλμένες απ' τη ζελατίνα, τα χαρτιά με τα τηλέφωνα σκόρπια, χρήματα δεν υπήρχαν, τον έκοψε κρύος ιδρώς. Στεκόταν με το πορτοφόλι στο χέρι, στη μέση της κάμαρης.

«Δεν έχεις χρήματα», είπε ο άνθρωπος, θαρρείς κι ήταν βέβαιος εκ των προτέρων.

«Είχα τέσσερα κατοστάρικα, το θυμάμαι καλά».

«Είσαι σίγουρος;».

«Σίγουρος. Κάποιος θα μπήκε μέσα την ώρα που κοιμόμουν. Κοιμήθηκε άλλος κανείς;».

Ο άνθρωπος στεκόταν στην πόρτα παίζοντας τα δάχτυλα στο ξύλο.

«Τι θες να πεις δηλαδή, πως σε κλέψαμε μεις;».

Το παιδί σώπαινε.

«Όχι, να μου πεις καθαρά, τι σκέφτεσαι;».

Κι αν ήθελε δεν μπορούσε να σκεφτεί. Έσκυψε το κεφάλι.

«Τώρα τι γίνεται, θα πληρώσω εγώ απ' την τσέπη μου;».

«Θα σου αφήσω την ταυτότητά μου, στο μεταξύ θα τρέξω να βρω χρήματα, δεν θ' αργήσω, το πολύ μια ώρα, δεν με πιστεύεις;».

«Ταυτότητα; Τι να την κάνω την ταυτότητα; Ύστερα, ποιος μου λέει πως θα ξαναγυρίσεις; Μην ανησυχείς, μου την έχουν ξαναφτιάξει τη δουλειά, δεν πιάνουμαι πάλι κορόιδο».

«Τι θες να κάνω, πες μου ένα τρόπο».

«Να κοιμόσουν λιγότερο», είπε ο άνθρωπος τουρλώνοντας τα χείλια, «τι τον ήθελες τόσον ύπνο παιδί πράμα. Πάει να πει πως κάπου ξενύχτησες».

(Μ. ΚΟΥΜΑΝΤΑΡΕΑΣ)

Notes

ο ιδρώτας = sweat   τουρλώνω = swell, bulge out

η ταυτότητα = I.D. card   η ζελατίνα = celluloid, plastic
                             cover

95

Κάθε καινούριο πρόσωπο που έφτανε στα Γιούρα το έπαιρ-
να είδηση απ' τις κουβέντες των φυλάκων στο διπλανό θυρω-
ρείο. Ένα μεσημέρι άκουσα μια καινούρια φωνή που ούτε
σαν ύφος ούτε σαν λόγος ήταν από κείνα που συναντούσες
συχνά στα Γιούρα. Ένας ηλικιωμένος φύλακας, καινουριο-
φερμένος στο νησί διηγόταν σε αργό ρυθμό στους νέους
συναδέλφους του την ιστορία του, λες και την υπαγόρευε.
Εκείνοι αλλάζανε κουβέντα μα αυτός την ξανάφερνε... Παλιός
καραβοκύρης απ' την Αίγινα που κάποτε ναυάγησε κι έχασε
μαζί με το καΐκι του κι ολόκληρη την περιουσία του, φοβήθηκε
και δεν ήθελε να ξαναδουλέψει στη θάλασσα. Ήταν παντρε-
μένος στο νησί κι είχε να συντηρήσει τη φαμίλια του. Ένας
γνωστός πολιτικός που ψήφιζε ο πατέρας του κι έβγαινε
βουλευτής στον Πειραιά, τον βοήθησε να διοριστεί φύλακας.
Συνήθως υπηρετούσε στις φυλακές που ήταν στο νησί του,
έκανε όμως και σ' άλλες φυλακές στην Αθήνα και στον Πει-
ραιά. Τώρα πια ηλικιωμένος, σε λίγα χρόνια θα έπαιρνε τη
σύνταξή του, φαίνεται να μετατέθηκε από δυσμένεια στα
Γιούρα. Γιατί όποιος ήταν φύλακας εδώ ήταν μοιραία σαν
κρατούμενος. Νοσταλγούσε την οικογένειά του και δεν έβλεπε
την ώρα να γυρίσει σ' αυτή. Με μια περίεργη επιμονή και
σιγουριά μιλούσε με τον αέρα της πείρας και συμβούλευε τους
νέους συναδέλφους του.

Notes

από δυσμένεια = because he   ο συνάδελφος = colleague
was out of favour   υπαγορεύω = I dictate
το θυρωρείο = porters lodge   η επιμονή = persistence

96

Τη μέρα που έφτασε ο Ελληνικός Στρατός στο χωριό μας, ο κόσμος έχασε το νου του. Από νωρίς πήρανε να χτυπούν οι καμπάνες, με δεν ήτανε ο συνηθισμένος χτύπος: ήτανε κάτι τις το πρωτάκουστο. Η είδηση φτερούγισε από σπίτι σε σπίτι, από χωράφι σε χωράφι: Έφτασε ο Ελληνικός Στρατός! Οι άνθρωποι παρατούσανε τις δουλειές, στεκόντανε λίγο, το λέγανε μέσα τους συλλαβιστά να το χωνέψει ο νους. Κι ύστερα το φωνάζανε και δυνατά και τρέχανε να το πούνε και στους άλλους. Κάνανε το σταυρό τους, αγκαλιαζόντανε και κλαίγανε.

Τι 'ναι αυτή η χαρά που ξεπερνά όλες τις άλλες, γάμους, γέννες, πλούτο, δόξα! Ο κόσμος έβαλε τα γιορτινά του, πήρε βάγια στα χέρια, ανθόνερο και ρύζι να ράνει το στρατό. Το χωριό γέμισε σημαίες μεγάλες και μικρές που τις ράψανε οι γυναίκες τους τελευταίους μήνες. Το βράδυ στρώσαμε τραπέζια στους δρόμους, σουβλίσαμε αρνιά. Κουβαλήσαμε με τα βαρέλια το κρασί. Μεθύσαμε, τραγουδήσαμε.

Notes

φτερουγίζω = flap, flutter	συλλαβιστά = in syllables
στρώνω τραπέζι = set the table	ραίνω = scatter, sprinkle

97

Αρραβωνιασμένη με το σωφέρ του Κάσογλου η Μαρία, δεν εξέκοψε με τον αστυφύλακα και τον άφηνε που και που να της τηλεφωνάει. Αλλά δεν ήξερε πού να τον βρει. Μόνο θυμόταν πως κάποτε, όταν είχε ποδόσφαιρο τις Κυριακές, ήταν υπηρεσία στο γήπεδο Καραϊσκάκη. Επειδής τέτοια ήταν κι η Κυριακή η μεθαυριανή το πρωί λειτουργήθηκε και τ' απόγεμα το κεφάλι της, φρεσκοχτενισμένο απ' το κομμωτήριο και σκερτσόζικα τυλιγμένο στο μαντήλι που βρέθηκε στην κάμαρα του Μανώλη, ήταν σχεδόν το μόνο γυναικείο που φάνταζε μέσα στις χιλιάδες που γιομίζανε το στάδιο. Πρωτού αρχίσει η συνάντηση οι αρσενικοί γύρα της πιάνανε κουβέντα και λιγουλάκι και τις γάμπες μα όταν ανάψαν τα πολύφωτα και μπήκαν οι ομάδες τήνε ξέχασαν. Από παιγνίδι δεν εκατάλαβε, τα μάτια της ψάχναν δεξόζερβα τον αστυνομικό της. Η μπάλα πήγαινε δώθε πήγαινε κείθε, πότε όλοι αυτοί οι ζαβοί πέφταν κάτω πότε σηκωνόνταν, πότε τρέχαν και γινόταν χαλασμός όταν η μπάλα έμπαινε με φόρα σ' ένα δίχτυ όπου μπροστά ένας ξαπλωμένος άνθρωπος χτύπαγε το χώμα με τις γροθιές του. Ο κόσμος έκανε σαν παλαβός. Έλεγες πως το στάδιο θα βουλιάξει. Μετάνιωσε που ήρθε. Πουθενά ο φίλος της! Και γύρα της δεν ήσαν άνθρωποι πια αυτοί. Στερνά κάτι γένηκε και αρχίσαν να δέρνωνται, να φωνάζουν, να πετάνε μπουκάλια.

(Γ. ΑΜΠΟΤ)

Notes

ξεκόβω = break away
σκερτσόζικα = flirtatious, coquettish

ήταν υπηρεσία = he was on duty
αρσενικός = male

98

Θα έλεγε κανείς, κρίνοντας από τα ρούχα, «Να ένας Ευρωπαίος» ή εν πάση περιπτώσει, ένας Ευρωπαίος από το μεσανατολίτικο χώρο. Παρά ταύτα, παρατηρώντας περισσότερο αυτό τον «Ευρωπαίο» όταν οδηγεί, βλέπει ότι όλα αυτά τα ρούχα και τα στολίδια είναι μια μεταμφίεση, γιατί στην πραγματικότητα, ο άνθρωπος αυτός φέρεται σαν να «σαλαγάει»τα γιδοπρόβατά του σε κάποια ραχούλα του Κοσσυφοπεδίου.

Ιδού δύο ή τρεις «λωρίδες» κυκλοφορίας, με βέλη βαμμένα στο έδαφος, που δείχνουν ότι τα αυτοκίνητα που είναι σ' αυτές τις λωρίδες πάνε μόνο ίσια εμπρός, αλλά επίσης ότι όλα τα αυτοκίνητα που προτίθενται να πάνε ίσια εμπρός είναι εκεί. Ο πονηρός βλάχος, όμως έστω και αν οδηγεί Lancia Volumex HPE και κατοικεί κάπου στις ραχούλες της Άνω Βούλας, δεν καταλαβαίνει από κάτι τέτοια. Γι' αυτόν η παραλιακή λεωφόρος είναι μονοπάτι με θάμνους και ως εκ τούτου, παρακάμπτει τα αυτοκίνητα (των ηλιθίων) που περιμένουν στη σειρά, προχωρεί από την πλαϊνή λωρίδα, όπου τα βέλη δείχνουν σαφώς ότι η λωρίς αυτή είναι για εκείνους που προτίθενται να στρίψουν δεξιά, όλους αυτούς και μόνον αυτούς, και μόλις πρασινίσει το φως ή λίγο πριν, ξεκινάει, εφόσον βέβαια του το επιτρέψει ο άλλος χαζός, ο οποίος έχει περάσει καθέτως έξι αυτοκίνητα αφότου έγινε το δικό του φανάρι κόκκινο.

(Καθημερινή)

Notes

η μεταμφίεση = disguise
σαλαγάω = whistle
ο βλάχος, ο βοσκός = shepherd

η ραχούλα = hillside
το βέλος = arrow

99

Ευτυχώς, υπάρχει ο ράφτης, που μας μετράει με ακρίβεια και κρατά λεπτομερώς τα στοιχεία μας. Έτσι μπορούμε να μάθουμε κι εμείς τα μέτρα μας. Ο ράφτης λοιπόν, πρώτ' απ' όλα είναι άνθρωπος του μέτρου. Μόλις τον επισκεφτείς, η πρώτη του δουλειά είναι να σου πάρει τα μέτρα. Με το καλημέρα που σου λέει, βγάζει την κορδέλα του και σε μετράει οριζοντίως και καθέτως και σημειώνει τα στοιχεία σου.

Ιδού, κύριε, ποιος είσαι. Στήθος τόσο, πόδι τόσο και ούτω

καθεξής. Για όλο τον κόσμο είσαι ο κ. Α. Για το ράφτη είσαι... ό,τι λέει το μέτρο. Με μια εξαίρεση. Ότι το κεφάλι δεν μπαίνει στο λογαριασμό. Όχι, ο ράφτης δεν ασχολείται με το κεφάλι. Η δικαιοδοσία του φτάνει ως το σβέρκο.

Ο ράφτης είναι ο άνθρωπος του ψαλιδιού και του βελονιού ακόμα και του σίδερου. Κόβει, ράβει, τρυπώνει, ξυλώνει, σιδερώνει. Είναι κόφτης, ράφτης, εφαρμοστής και σιδερωτής. Είναι ακόμα και ιχνογράφος. Πριν κόψει το ύφασμα, το ιχνογραφεί, το σημαδεύει. Όταν θέλουν να παινέψουν ένα ράφτη, λένε. Α, αυτός είναι σπουδαίο ψαλίδι!

Notes

η ακρίβεια = precision
το μέτρο = measurement
η δικαιοδοσία = jurisdiction

η κορδέλα = tape
η εξαίρεση = exception
ιχνογράφος = artist

100

Η Μυροφόρα σήκωσε τ' αριστερό της χέρι και τους έδειξε κοντά στην εκκλησιά την παράγκα της Άννας, με τη λαμαρινένια στέγη.

Αυτοί δε ζήτησαν άλλην εξήγηση. Προχώρησαν βιαστικά προς τα κει, χτύπησαν την πόρτα κι ύστερα από λίγο τους άνοιξε η ξένη. Πάγωσε μόλις τους είδε. Τι την ήθελαν τάχα; Αυτή κανέναν δεν πείραξε απ' τη μέρα που...

- Η Άννα Μαλτέζη; ρώτησε ο γιατρός.

Τον κοίταζε τρομαγμένη. Κάπου τον είχε ξαναδεί, η μορφή του της ήταν γνώριμη. Πήγε να πει κάτι αλλά δεν πρόλαβε.

- Μα βέβαια, συ είσαι, πρόσθεσε ο ίδιος χαμογελώντας. Σ' είχα δει στο Νοσοκομείο, τότε που κάναμε το γενικόν έλεγχο για τους άρρωστους που μπορούσαν ακίνδυνα να πάνε στα σπίτια τους.

Τρόμαξε η Άννα. Ήταν ακριβώς κείνο που φοβόταν... Δε θα τη σκότιζε αν της έλεγαν ότι την κατηγορούσαν για κλεψιά, γι' απάτη, ακόμη και για φόνο. Αυτό όμως, αυτό ήθελε να ξεχαστεί. Γι' αυτό εξορίστηκε σε τούτη την παλιογειτονιά, γι' αυτό άφησε όλους τους δικούς της και τους φίλους της κι ήρθε δω, ξένη ανάμεσα σε ξένους, προσπαθώντας με κάθε τρόπο να λησμονήσει το τρομερό μυστικό της που την κυνηγούσε εφιαλτικά, και δεν την άφηνε να ησυχάσει...

Αν ήθελε θα μπορούσε να περνάει καλλίτερη ζωή. Οι δικοί της έξω από τη Σαλονίκη είχαν ένα ωραίο μεγάλο αγρόκτημα που έβλεπε στη θάλασσα και το έλουζε όλη τη μέρα ο ήλιος.

Notes

η λαμαρίνα = tin	γνώριμος, η = familiar
η απάτη = deception	ο εφιάλτης = nightmare

101

Λένε πως στις προηγμένες χώρες, σ' αυτές ακριβώς από όπου μας έρχονται τα μηχανήματα, τα πράγματα δεν είναι έτσι. Και, απ' ότι μπορέσαμε να δούμε κι εμείς, πραγματικά δεν είναι έτσι, αλλά όχι και τόσο όσο μας τα παρουσιάζουν διάφοροι, που συνηθίζουν να εκθειάζουν κάθε τι το ξενικό.

Εκεί συμβαίνουν συνήθως τα εξής:

1. Υπάρχει μέσα στις πόλεις άφθονο πράσινο. Υπάρχουν τεράστιοι χώροι με δέντρα, υπάρχουν μεγάλα δέντρα στους δρόμους, δέντρα στις αυλές – διότι υπάρχουν αυλές, εφόσον

διατηρούνται πολλές μονοκατοικίες. Υπάρχει χώμα, όπου δεν είναι απαραίτητο το τσιμέντο.

2. Δεν υπάρχουν καπνοί. Δεν λειτουργούν καυστήρες θερμάνσεως με πετρέλαιο ή και μαζούτ. Ούτε ανάβονται τζάκια. Η θέρμανση γίνεται με ηλεκτρισμό ή αέριο.

3. Δεν κυκλοφορούν πολλά αυτοκίνητα στους δρόμους, τουλάχιστο τόσα πολλά όσα πραγματικώς υπάρχουν. Τα ομαδικά συγκοινωνιακά μέσα και ιδίως οι ηλεκτρικοί σιδηρόδρομοι, υπόγειοι ή υπέργειοι, εξυπηρετούν και με το παραπάνω.

4. Οι κεντρικοί δρόμοι είναι εξαιρετικά φαρδείς, με ανεμπόδιστες διασταυρώσεις.

5. Οι κάτοικοι σέβονται ή φοβούνται τις διατάξεις περί κυκλοφορίας και ησυχίας.

6. Η αστυνομία κάνει με ακρίβεια και άτεγκτο τρόπο τη δουλειά της.

Συμβαίνει τίποτε από όλα αυτά σε μας; Όχι! Τίποτε απολύτως! Και αν δεν έχουμε παραφρονήσει ή πεθάνει οφείλεται στο ότι ο ανθρώπινος οργανισμός είναι πιο αντεχερός από όσο πιστεύεται.

(Γ. ΙΩΑΝΝΟΥ)

Notes

προηγμένες (αναπτυγμένες) = developed, advanced
άτεγκτο = rigorous

ο καυστήρας = burner
εκθειάζω = praise (speak highly)

102

Ηλιοβασίλεμα. Ο ήλιος κουρασμένος από το ολοήμερο ταξίδι του ετοιμάζεται να κρυφτεί πίσω από τις ψηλές κορφές των γκρίζων βουνών. Το φως του έχει αδυνατίσει και βάφτηκε κατακόκκινος. Ένας ολοστρόγγυλος κατακόκκινος δίσκος. Προτού δύσει, αγκαλιάζει για τελευταία φορά την πλάση, σαν να ήθελε να μην την αποχωριστεί, να μείνει για πάντα μαζί της.

Είναι η ώρα του δειλινού. Μια γλυκειά ηρεμία και ησυχία απλώνεται παντού. Στο βάθος ένα γραφικό χωριουδάκι παρατάσσει τ' ασπροβαμμένα του σπιτάκια. Ανάμεσά τους ξεχωρίζει η εκκλησία και το ψηλό καμπαναριό. Οι ξωμάχοι σταματούν ένας ένας τις δουλειές τους. Φορτώνουν τα σύνεργά τους στα κάρα ή στα γαϊδουράκια και παίρνουν ανακουφισμένοι το δρόμο το γυρισμού. Απόμακρα αντηχεί ένας μακρόσυρτος ήχος φλογέρας, ανάμεσα σε ήχους από κουδούνια και βελάσματα προβάτων. Κάτι δυνατά γαβγίσματα ακούγονται, μουγκανητά βοδιών και ύστερα γλυκόηχα χτυπήματα καμπάνας. Σημαίνει εσπερινός... Οι ξωμάχοι στέκονται όπου κι αν βρίσκονται και σταυροκοπιούνται με ευλάβεια. Τι αρμονία που έχει τούτη η ώρα!... Μια γαλήνη είναι διάχυτη παντού, στους ανθρώπους, στα ζώα, στην πλάση. Όλα ημερεύουν.

Notes

η κορυφή = summit	η πλάση = world
γραφικός, η, ο = picturesque	ο ξωμάχος = farm labourer
το βέλασμα = bleating	η ευλάβεια = piety, respect

103

- Να τον πάρουμε μέσα στο μαγαζί, είπα. Αν τον αφήσουμε εδώ, είτε οι αστυφύλακες γυρίσουν, είτε η διαδήλωση, θα τον αποτελειώσουνε.

- Μα δεν μπορούμε να τον μεταφέρουμε με τόση αιμορραγία· είπε η κοπέλα. Πρέπει νά 'ρθει φορείο.

Ο άνθρωπος που βγήκε απ' το μαγαζί έπιασε το παιδί απ' τούς ώμους.

- Πιάσε και συ από τα ποδάρια, μου λέει, να τον πάμε μέσα. Εύα, γύρισε στην κοπέλα, βάστα του το κεφάλι.

Τον ανασηκώσε από τους ώμους, κι εγώ τον έπιασα από τα πόδια, από τους αστράγαλους, χαμηλά.

- Μα δεν σου κόβει! ξέσπασε. Από τα γόνατα πιάσε για να με βοηθήσεις, δεν μπορώ να τονε σηκώσω μονάχος.

Τον μεταφέραμε όσο πιο προσεχτικά γινόταν, τον κρύψαμε πίσω από 'ναν πάγκο για να μη φαίνεται από το δρόμο. Οι άλλοι είχανε μεταφέρει κιόλας τη γυναίκα που βογκούσε πια, ενώ την ώρα που τη μεταφέρανε φώναζε.

Ο άνθρωπος που τον είχα βοηθήσει φαινόταν τ' αφεντικό.

- Κώστα· είπα στο μικρό. Κατέβασε πάλι τα ρολά, ένας θεός ξέρει αν τέλειωσε. Εύα, γύρισε στην κοπέλα, πάρε στο τηλέφωνο τις πρώτες βοήθειες.

Η κοπέλα βάλθηκε να σκουπίζει τα χέρια της με χαρτομάντιλα, μουρμουρίζοντας.

- Ένα λεφτό, κύριε Γιώργο.

Μα κείνος πετάχτηκε ορθός κι άρπαξε τον τηλεφωνικό κατάλογο, τονε φυλλομετρούσε νευρικά κι απρόσεχτα, χωρίς να ξέρει που να κοιτάξει. Τον πήρα από τα χέρια του που τρέμανε και γύρισα στις πρώτες σελίδες.

(Ν. ΚΑΣΔΑΓΛΗΣ)

Notes

η διαδήλωση = demonstration   δεν σου κόβει = You're not very bright, are you?

αποτελειώνω = to finish off (to   η αιμορραγία = bleeding
kill)   (haemorrhage)

104

Φανταστείτε ότι ακόμα κι ένα άκακο κουνέλι, έφτασε στο σημείο να κατηγορηθεί για φόνο εκ προμελέτης. Μάλιστα, ο Ρότζερ Ράμπιτ βρέθηκε στη δυσάρεστη θέση να πρέπει να απολογηθεί για το φόνο του εραστή της γυναίκας του, εναντίον του οποίου λένε ότι έριξε πολλές σφαίρες. Μα, επιτέλους, ποια είναι η κυρία Ράμπιτ και σε τι έφταιξε για να τύχει τέτοιας θλιβερής δημοσιότητας; Α, τίποτα το σοβαρό, απλούστατα, όντας πολύ νέα και πολύ ωραία, υπήρξε λίγο περισσότερο ευαίσθητη στη γοητεία κάποιων ανδρών που δεν ανήκαν στο δικό της κόσμο – τον κόσμο των κινουμένων σχεδίων. Οι Αμερικανοί κριτικοί χαρακτήρισαν την ταινία «Ποιος παγίδευσε τον Ρότζερ Ράμπιτ» σαν το πιο επαναστατικό τεχνολογικό πείραμα στην ιστορία του κινηματογράφου. Πώς να μην είναι, όταν δύο μάγοι του Χόλιγουντ κατασκεύασαν ένα φαντασμαγορικό κόσμο, μέσα στον οποίο κινούνται άνετα και συμβιώνουν απολύτως φυσικά όχι μόνο ζωντανά πλάσματα αλλά και κινούμενα σχέδια. Χάρη στις τεχνικές γνώσεις των δύο αυτών ανθρώπων, τα κινούμενα σχέδια υιοθετούν ανθρώπινες συνήθειες και διαμορφώνουν ανθρώπινη συμπεριφορά. «Όταν ένα κατασκευασμένο πλάσμα συμπεριφέρεται κατά τέτοιο τρόπο ώστε να κάνει τους άλλους να λησμονούν την πραγματική του υπόσταση, τότε είναι σε θέση να παρέχει συγκινήσεις ανάλογες με εκείνες που προκαλεί ένα ζωντανό πλάσμα», υποστηρίζει ο Σπίλμπεργκ και πάνω σ' αυτή τη διαπίστωση στήριξε τις ελπίδες του για την επιτυχία των σχεδίων του.

(Σ. ΝΙΚΟΛΟΥΔΗ)

Notes

εκ προμελέτης = premeditated
η δημοσιότητα = publicity
το πείραμα = experiment

συμβιώνω = co-exist
υιοθετώ = I adopt

105

Η Πρωτοχρονιά είναι μια μεγάλη παγκόσμια γιορτή. Την ημέρα αυτή ολόκληρος ο κόσμος κατευοδώνει το χρόνο που έφυγε και υποδέχεται τον καινούριο. Ο λαός μας γιορτάζει την ξεχωριστή αυτή μέρα με διάφορα έθιμα, που χρωματίζουν τη γιορτή της Πρωτοχρονιάς, με ένα ολότελα χαρούμενο χρώμα. Τα περισσότερα από αυτά τα έθιμα είναι προληπτικά, έχουν δηλαδή άμεση σχέση με την τύχη, μια και ο κόσμος πιστεύει πως η πρώτη μέρα του νέου χρόνου θα δείξει και την πορεία της ανθρωπότητας σ' όλη την διάρκεια του χρόνου.

Τα μεσάνυχτα οι καρδιές δονούνται από διαφορετικά συναισθήματα, λύπη για τον αποχωρισμό του χρόνου που κύλησε, χαρά κι αμέτρητες ελπίδες για το χρόνο που έρχεται και που όλοι εύχονται να είναι περισσότερο ευτυχισμένος.

Η μέρα είναι ιδιαίτερα ξεχωριστή για τα παιδιά. Κρεμούν τις κάλτσες τους δίπλα στο αναμμένο τζάκι, γιατί – σύμφωνα με την παλιά παράδοση – ο Άγιος Βασίλης θα διασχίσει τους ουρανούς με το χιονισμένο έλκηθρο του και θα μοιράσει σ' όλους τα Πρωτοχρονιάτικα δώρα του. Το πρωί που θα ξυπνήσουν θα τρέξουν να ξετυλίξουν τα πολύχρωμα κουτιά με τα φανταχτερά παιχνίδια, καλωσορίζοντας έτσι και τον καινούριο χρόνο.

Notes

προληπτικά = superstitious
το τζάκι = fireplace

η δόνηση = vibration
το έλκηθρο = sledge

106

Εδώ και μερικά χρόνια, ένα απογευματάκι, καθώς πήγα να προσκυνήσω τον τάφο του πατέρα μου, πήρα μια σπάνια σύγχυση. Πάνω στην πλάκα ανοιγμένο διάπλατα βρίσκονταν ένα τυπωμένο χαρτί, που με μεγάλα γράμματα και ζωηρά λόγια διαφήμιζε ούζα, κρασιά και κονιάκ ενός ορισμένου εργοστασίου. Το ξέσκισα αμέσως με αγανάκτηση κι άρχισα να βασανίζομαι για να βρω, ποιος άτιμος και κρύος άντρας μπορούσε να 'χε κάνει το φαρμακερό αυτό αστείο. Δεν φτάναν δηλαδή τα τόσα και τόσα υπονοούμενα, που είχαν πετάξει στις ολομόναχες γυναίκες μερικοί, ακόμα και τη μέρα της κηδείας, θέλαν τώρα να εξακολουθήσουν να μας υπενθυμίζουν ορισμένα πράγματα, που προσπαθούσαμε πως και πως να ξεχαστούνε. Άναψα το κερί μου κι έφυγα απ' το νεκροταφείο με πολύ βαριά καρδιά. Ζούμε ανάμεσα σε τέρατα, έλεγα συνεχώς. Πήγαινα προς το Συντριβάνι, μα όσο προχωρούσα η κίνηση μεγάλωνε. Ήταν τα εγκαίνια της έκθεσης εκείνη τη μέρα κι ο κόσμος έσπευδε να δει και να θαυμάσει. Παντιέρες κυμάτιζαν, τραγούδια αντηχούσαν, κι ένα αεροπλάνο πετώντας χαμηλά έριχνε προκηρύξεις. Μερικές σκόρπισαν μπροστά μου κι άθελα το μάτι μου έπεσε απάνω τους. Ήταν ολόιδια μ' αυτήν που είχα βρει πάνω στον τάφο. Ανακουφίστηκα. Ώστε από αεροπλάνο είχε πέσει κι εκείνη και δεν προέρχονταν από χέρι ανθρώπου βδελυρού. Κι ευτυχώς που το ανακάλυψα εγκαίρως. Έφευγα εκείνο το βράδυ για τα ξένα κι αλίμονό μου αν έμενα μ' αυτή την ιδέα.

(Γ. ΙΩΑΝΝΟΥ)

Notes

προσκυνώ = I pay homage, respect

βδελυρός = abominable
το τέρας = monster

η σύγχυση = annoyance, confu- τα υπονοούμενα = insinuations
sion   η παντιέρα = banner, flag
η προκήρυξη = leaflet

107

Φαίνεται πως η δισκογραφία χρειάζεται μια παρουσία σαν τη δική του. Και το κοινό επίσης. Γι' αυτό ο Αλκίνοος Ιωαννίδης, 25 χρονών, έγινε αμέσως, το νέο δημοφιλές πρόσωπο του ελληνικού τραγουδιού.

Άλλοι στην ηλικία του βλέπουν MTV, χορεύουν στα κλαμπ, πάνε στα μπαρ, ζούν το εφήμερο και κάνουν χαβαλέ. Εκείνος, ο Αλκίνοος Ιωάννίδης, είναι ένας άνθρωπος μοναχικός που ευημερεί έχοντας γύρω του σταθερές σχέσεις και αναζητεί κάτι πολύ συγκεκριμένο: τη μάθηση. «Μια πρόβα ήχου για μένα είναι εμπειρία. Δεν αισθάνομαι πως κάνω μια δουλειά. Αισθάνομαι ότι μαθαίνω». Στόχος του είναι τα καλά τραγούδια και όχι οι καλές πωλήσεις. «Εξυπηρετώ μια πολύ μεγάλη μου ανάγκη τραγουδώντας. Θα είμαι ευτυχισμένος αν κάποτε, μετά από χρόνια έχω αφήσει πίσω μου δέκα καλά τραγούδια».

Οι σχέσεις του με τη μουσική ξεκίνησαν όταν ήταν εννέα χρονών, τότε γράφτηκε στο ωδείο για να μάθει κιθάρα. Τραγουδιστής δεν είχε φανταστεί πως θα γίνει, δούλευε ήδη ως ηθοποιός. Εκείνο που αμέσως συνειδητοποίησε ήταν η επιθυμία του να κάνει μόνο αυτά που πραγματικά τον εκφράζουν. Ξέρει πως ο χώρος έχει δυσκολίες, φροντίζουν να του το υπενθυμίζουν οι φίλοι γύρω του. Ξέρει επίσης ότι ο δεύτερος δίσκος του πιθανόν να μην κάνει τις υψηλές πωλήσεις του πρώτου. Θέλει όμως να κρατηθεί έξω από αυτή τη λογική.

(Α. ΒΛΑΒΙΑΝΟΥ)

Notes

εφήμερος = transient, passing
κάνω χαβαλέ = to have fun
συγκεκριμένο = precise

συνειδητοποιώ = to become
aware, realise

108

Ψάχνοντας στην ντουλάπα τυχαία βρήκα το παλιό άλμπουμ με τις φωτογραφίες. Το άνοιξα με περιέργεια και άρχισα να το ξεφυλλίζω. Οι φωτογραφίες ήταν από τότε που ήμουν μωρό στην κούνια μου ως τώρα που αισθάνομαι ότι άρχισα να μεγαλώνω.

Στην πρώτη σελίδα οι γονείς μου νεαρό ζευγάρι – νιόπαντροι – και 'γω μωρό στην αγκαλιά τους. Ήμασταν στην παλιά μας γειτονιά, μέσα στο ψηλοτάβανο σαλόνι. Στη διπλανή φωτογραφία ο παππούς, γέρος πια, με το παχύ μουστάκι και το ζεστό βλέμμα. Είχε πεθάνει πριν λίγα χρόνια και μου στοίχισε πολύ. Τον αγαπούσα και πάντα με λαχτάρα άκουγα τις ιστορίες του. Πιο κάτω μια άλλη φωτογραφία έδειχνε εμένα και την αδελφή μου στη θάλασσα. Ήταν το καλοκαίρι που παραθερίζαμε στην Κατερίνη. Ήταν μια εποχή αξέχαστη. Βλέποντας τη φωτογραφία ένιωσα νοσταλγία και συγκίνηση. Η ανάμνηση των παιχνιδιών με τ' άλλα παιδιά κοντά στην ακροθαλασσιά που στήναμε πύργους στην αμμουδιά με γέμισαν χαρά.

Σε άλλη φωτογραφία είδα τον εαυτό μου με τη γαλάζια ποδιά και τον άσπρο γιακά. Ήταν η πρώτη φορά που πήγαινα σχολείο και αισθανόμουν παράξενα: περηφάνια, γιατί ένιωθα ότι μεγάλωνα, χαρά, γιατί θα μάθαινα καινούργια πράγματα, το διάβασμα και το γράψιμο, και λύπη ή καλύτερα φόβο που θα αποχωριζόμουν, για πρώτη φορά, τη μητέρα μου.

Notes

ξεφυλλίζω = to leaf through
η ανάμνηση = memory

νιόπαντροι = newly-weds
η ποδιά = school uniform

109

Δεν ξαναφάνηκε η μαυροφορεμένη εκείνη γυναίκα, που ερχόταν στο κατώφλι μας κάθε χρονιά, την εποχή που γίνονται τα μούρα, ζητώντας με ευγένεια να της δώσουμε λίγο νερό απ' το πηγάδι της αυλής. Έμοιαζε πολύ κουρασμένη, διατηρούσε όμως πάνω της ίχνη μιας μεγάλης αρχοντικής ομορφιάς. Και μόνο ο τρόπος που έπιανε το ποτήρι, έφτανε για να σχηματίσει κανείς την εντύπωση πως η γυναίκα αυτή στα σίγουρα ήταν μια αρχόντισσα. Δίνοντάς μας πίσω το ποτήρι, ποτέ δεν παρέλειπε να μας πει στα τούρκικα την καθιερωμένη ευχή, που μπορεί να μην καταλαβαίναμε ακριβώς τα λόγια της, πιάναμε όμως καλά το νόημά της: «Ο Θεός να σας ανταποδώσει το μεγάλο καλό». Ποιο μεγάλο καλό; Ιδέα δεν είχαμε.

Καθόταν ήσυχα για ώρα πολλή στο κατώφλι της αυλής, κι αντί να κοιτάζει κατά το δρόμο ή τουλάχιστο κατά το πλαϊνό σπίτι του Κεμάλ, αυτή στραμμένη έριχνε κλεφτές ματιές προς το δικό μας σπίτι, παραμιλώντας σιγανά. Πότε πότε έκλεινε τα μάτια και το πρόσωπό της γινόταν μακρινό, καθώς συλλάβιζε ονόματα παράξενα. Εμείς, πάντως, δεν παραλείπαμε να της δίνουμε μούρα απ' τη ντουτιά, όπως άλλωστε δίναμε σ' όλη τη γειτονιά και σ' όποιον περαστικό μας ζητούσε. Η ξένη τα έτρωγε σιγανά, αλλά με ζωηρή ευχαρίστηση. Δεν μας φαινόταν παράξενο που της άρεσαν τα μούρα μας τόσο πολύ.

(Γ. ΙΩΑΝΝΟΥ)

Notes

το μούρο = mulberry

η ντουτιά = mulberry tree

το κατώφλι = doorstep
η αρχόντισσα = lady, noblewoman

ανταποδίδω = repay

110

Στην Αγγλία, όταν το όνομα κάποιου από αυτούς τους επιστήμονες γίνει γνωστό, η ζωή του μετατρέπεται σε εφιάλτη. Αρκετές τρομοκρατικές οργανώσεις θέλουν αυτός ο άνθρωπος να ζήσει μια περιπέτεια, ανάλογη μ' αυτήν των ζώων που βασανίζει στο εργαστήριό του. Πολλοί επιστήμονες, όταν επιστρέφουν σπίτι τους, βρίσκουν μια σειρά από απειλητικά γράμματα, απαντούν σε υβριστικά τηλεφωνήματα, κοιτάνε για βόμβες στα αυτοκίνητά τους, πέτρες σπάνε τα τζάμια των σπιτιών τους και ο ύπνος τους προστατεύεται μόνο από αστυνομικές δυνάμεις. Οι ζωόφιλοι τρομοκράτες ακτιβιστές υποστηρίζουν: «Όλοι αυτοί οι επιστήμονες, πρέπει να ζήσουν την ίδια αγωνία και τον ίδιο φόβο, όπως τα ζώα που τυραννούν καθημερινά». Η επιστήμη, όμως από την μεριά της, επιμένει ότι καμία πρόοδος, όπως στην αντιμετώπιση του καρκίνου για παράδειγμα, δεν θα γινόταν αν δεν είχαν θυσιαστεί πολλά ζώα. Πολλοί συμφωνούν. Αλλά οι επαναστάτες ζωόφιλοι αντιπαραθέτουν ότι τα γυναικεία καλλυντικά εξετάζονται πρώτα πάνω στο δέρμα των ζώων, τα σαμπουάν καίνε τα μάτια χιλιάδων κουνελιών κι ακόμα τροφές, τοξικά σκουπίδια, συνθετικά απορρυπαντικά και δεκάδες άλλα προϊόντα, απαραίτητα στον καλλωπισμό και την καλοπέραση της ανθρώπινης φυλής, είναι η αιτία που πονάνε τα ζώα. Όταν αυτές οι ζωόφιλες οργανώσεις χρησιμοποιούν λέξεις όπως «βασανιστήριο» και «απανθρωπιά» η επιστημονική κοινότητα προτιμάει λέξεις όπως «αυστηρή διαδικασία».

(ΜΗΔΕΝ ΕΝΑ, 16 Απριλίου 1995)

Notes

η διαδικασία = procedure
ο εφιάλτης = nightmare
ο τρομοκράτης = terrorist
το εργαστήριο = laboratory
απειλητικός = threatening

υβριστικός = insulting
ο ακτιβιστής = activist
ο καρκίνος = cancer
τα καλλυντικά = cosmetics
τα απορρυπαντικά = detergent

EXAMINATION PAPERS

111

Στρώθηκα στη δουλειά. Έπρεπε ν' ανοίξω δρόμους με το φτυάρι. Στο διπλανό ανοιχτό οικόπεδο το αυτοκίνητό μου είχε θαφτεί σχεδόν μες στο χιόνι. Η αυλή κατηφόριζε σχηματίζοντας μια στενωσιά, μετά ξάνοιγε κι έφτανε μέχρι τα σκαλοπάτια της γειτόνισσας. Το σπίτι ήταν διόροφο, με ξεβαμμένους τοίχους κι η πόρτα του έμενε πάντοτε κλειστή. Σε λίγο η πλάτη μου έγινε μούσκεμα στον ιδρώτα. Το πούσι* σηκωνόταν αργά και τα πράγματα, βουτηγμένα στο χιόνι, αντανακλούσαν ένα σκληρό σελαγισμό* που σε ανάγκαζε να ζαρώνεις τα βλέφαρα. Κατάφερα να ξεθάψω από τη μια πλευρά το αμάξι μου και προχωρούσα προς τα κάτω. Λίγο πριν φτάσω στα σκαλοπάτια σήκωσα ψηλά το κεφάλι μου, θαρρείς από διαίσθηση. Δυο διαπεραστικά μάτια με κάρφωναν, ακίνητα, μεσ' από το τζάμι, πίσω απ' το κουρτινάκι. Ένιωσα ένα ρίγος να με διαπερνά. Πρόλαβα να δω ένα μέρος απ' τη σάρκα που τα πλαισίωνε κι ένα τσουλούφι* από ξεχένιστα μαλλιά, κι αμέσως μετά στράφηκα πίσω. Η πειραχτική φωνή του Οδυσσέα ακουγόταν από την άλλη μεριά. Ήταν ο μικρότερος αδελφός του πεθερού μου. Όποτε τον έβλεπα, μου ερχόταν στο νου μου η εικόνα του ήρωα της Αντίστασης που ήταν χαραγμένη πάνω στο μετάλλιο που του είχαν δώσει και μου το είχε δείξει.

(Τ. ΚΑΛΟΥΤΣΑΣ)

* πούσι = mist
* σελαγισμός = glow
     * τσουλούφι = tuft

London Examinations, GCE 'A' level, May 1998

112

Σ' αυτήν την εποχή, ακριβώς από αυτές τις σκάλες του υπογείου που είναι μπροστά στο ξενοδοχείο Ομόνοια, παρακολούθησα κι εγώ ένα βραδάκι μια τέτοια επιδρομή. Είχε αλλάξει ο διευθυντής αστυνομίας και ο καινούργιος ήθελε να επιδείξει ζήλο και δράση. Χωρίς να προηγηθεί απολύτως τίποτε, μια σειρά από κλούβες της αστυνομίας σταμάτησαν κοντά στην κάθε είσοδο του υπογείου, δηλαδή οκτώ. Από τις κλούβες βγήκαν πανέτοιμοι και φουριόζοι αστυφύλακες, που, καθώς τους είδαμε, είπαμε: πάει πια, θα μας μπαγκλαρώσουν*. Αλλά αυτοί σημασία δεν μας έδωσαν. Έτρεξαν, άλλοι έπιασαν τις σκάλες και άλλοι τους κατέβηκαν στο υπόγειο. Όλοι νομίσαμε πως κάτι το σοβαρό έγινε εκεί πέρα. Σε λίγο κρατώντας αγκαζέ διάφορους κατάπληκτους νεαρούς τους πήγαιναν έτσι ως την κλούβα ή τραβοκοπώντας τους τους έριχναν μέσα. Και όλοι μας καταλάβαμε ότι για τα πολιτικά ή για κάποιο συγκεκριμένο επεισόδιο του υπογείου τους κουβαλούν. Τώρα όμως, μ' όλο που οι περιπολίες της αστυνομίας είναι πολύ πυκνότερες στην Ομόνοια, κι οι αστυφύλακες είναι εξοπλισμένοι εκτός από περίστροφα και γκλομπάκια*, και με μικρό ασύρματο, εκείνο που παρατηρώ είναι η ήπια, καχεκτική σχεδόν εμφάνισή τους. Δεν βάζουν θηριώδεις και προκλητικούς παλαιστές να περιπολούν, αλλά χλωμά αδύνατα παιδάκια, που φαίνεται πως είναι ο νέος τύπος αστυφύλακα της εποχής της δημοκρατίας. Δεν προκαλούν και δεν ανακαλούν βασανισμούς και ξυλοδαρμούς.

(Χ. ΠΕΤΡΟΥ)

* μπαγκλαρώνω = arrest   * γκλομπάκι = truncheon

London Examinations, GCE 'A' level, May 1998

113

Στα σαράντα του χρόνια ήταν ακόμα καιρός να δημιουργήσει τη ζωή του. Είχε ξοδέψει τα νιάτα του σε σοσιαλιστικούς αγώνες κι είχε κάνει καιρό στις φυλακές. Μετά, όταν βγήκε, ρίχτηκε με τα μούτρα στα διαβάσματα και τα γλέντια. Έγραψε ένα δοκίμιο για τον Ρίτσο και τα βράδια ξενυχτούσε στις σκοτεινές πλατείες. Κι εν τω μεταξύ έρχονταν οι επιταγές από τον πατέρα, που είχε μεγάλο εμπορικό σε μια πόλη της Θράκης. Όχι πως δεν είχε δουλέψει· και σε τυπογραφείο είχε κάνει, και δημοσιογράφος έγινε για λίγο, και σε διάφορες δουλειές είχε χωθεί. Μα όλα αυτά τα είχε κάνει πιο πολύ για περιπέτεια και λιγότερο για να βγάζει το ψωμί του. Και τώρα στα σαράντα του αισθανόταν πια αποκαμωμένος απ' αυτή την οικονομική αβεβαιότητα, και οι επιταγές του πατέρα του τον πλήγωναν στο φιλότιμο. Μετά από δισταγμούς άρχισε να βάζει σ' ενέργεια τα σχέδιά του. Άνοιξε ένα μικρό γραφείο κοντά στο χρηματιστήριο και το γέμισε με προϊόντα της πατρίδας του. Έφτιαξε ένα πρόχειρο κατάλογο γνωστών του, που έλπιζε πως θα ενδιαφέρονταν για την πραμάτεια* του, κι ύστερα έψαξε να βρει κανένα παιδί για υπάλληλο. Κάποιος γνωστός τού σύστησε ένα νέο που καθόταν από καιρό άνεργος και ζητούσε δουλειά. Ο κ. Γαρύφαλλος τον δέχτηκε στο γραφείο.

- Δεν είναι και τόσο εύκολη δουλειά. Πρέπει να μην σε κουράζουν τα τρεχάματα, να κάνεις παζάρια, να μεταχειρίζεσαι όλα τα μέσα για να κερδίσεις τον πελάτη.

- Ε, όσο γι' αυτό! έκανε ο Νίκος.

* πραμάτεια = goods

London Examinations, GCE 'A' level, May 1999

- *Ποια είναι η καταγωγή σας;*

Ο πατέρας μου ήταν ένα παιδί από την επαρχία, γιος τελωνειακού. Η μάνα μου ήταν αρχόντισσα, από οικογένεια στρατιωτικών. Ο παππούς μου μάλιστα υπήρξε κάποια στιγμή υπασπιστής* του Κωνσταντίνου. Απαρνήθηκα τον τρόπο σκέψης της αστικής τάξης που πρόλαβα να γνωρίσω – έχω γεννηθεί πριν από τον πόλεμο – αλλά όχι και κάποιες από τις συνήθειές της.

- *Και όμως στο παρελθόν έχετε προβάλει προς τα έξω την υπαλληλική σας ιδιότητα. Είχατε ανάγκη να δουλεύετε;*

Οι δικοί μου πίστευαν ότι είχα. Κι εγώ, σαν καλό παιδί, επειδή σε όλα τ' άλλα αντιδρούσα, και οι παρέες μου δεν ήταν της απόλυτης έγκρισης του πατέρα μου, είπα να τους ανταμείψω και δέχτηκα να κάνω δουλειά του υπαλλήλου. Με το πέρασμα του χρόνου κατάλαβα ότι χάρη σ' αυτήν ήρθα σ' επαφή με ανθρώπους που αλλιώς δε θα γνώριζα. Ώρες ώρες όμως φρικιώ στη σκέψη ότι έχασα είκοσι χρόνια απ' τη ζωή μου μέσα σε γραφεία. Θα μπορούσα να είχα κάνει άλλα πράγματα.

- *Κάθε εργάσιμη μέρα του χρόνου εκδίδονται στη χώρα μας πέντε βιβλία πεζογραφίας! Πιστεύετε ότι η Ελλάδα προσφέρει τόσο άφθονο μυθιστορηματικό υλικό ή απλώς μπορεί ο καθένας να εκδώσει κάτι σήμερα; Μήπως θάβονται έτσι οι καλές προσπάθειες;*

Ένα βιβλίο που αξίζει αργά ή γρήγορα θα φανεί. Αν με θλίβει κάτι είναι η σύντομη ζωή του βιβλίου στον πάγκο του βιβλιοπωλείου. Η οικονομία της αγοράς πιέζει τους εκδότες προς αυτή την κατεύθυνση, αν και δε συμβαίνει εδώ με την ίδια ένταση που συμβαίνει αλλού στην Ευρώπη.

* υπασπιστής = aide-de-camp

London Examinations, GCE 'A' level, May 1999

115

Περίμενα λοιπόν με αγωνία την Πέμπτη. Πριν πάω στου φίλου μου, θα ερχόταν εκείνος από το σπίτι να με πάρει και θα γνώριζε τη μητέρα μου. Θα κρινόταν η τύχη της φιλίας μας απ' αυτή την πρώτη επίσκεψη. Η εμφάνισή του στο σπίτι ξεπέρασε όλες μου τις προσδοκίες. Έμεινα κατάπληκτος κι εγώ ο ίδιος, δεν πίστευα στα μάτια μου. Για πρώτη φορά τα μαλλιά του χτενισμένα, δεν πετούσανε στην κορυφή και δεν του δίνανε τη γνωστή του όψη του κόκορα που ήταν έτοιμος να χυμήξει.

- Έβαλα κόλλα, μου ψιθύρισε.

Φορούσε άσπρο πουλόβερ, μπλε σακάκι, σταχτύ καλοσιδερωμένο παντελόνι και στα παπούτσια του μπορούσες να κοιτάξεις τα μούτρα σου, τόσο τα 'χε γυαλισμένα. Ούτε αυτιά βρώμικα, ούτε μαύροι οι καρποί των χεριών. Εκείνο όμως που με κατασυγκίνησε ήταν το μικρό νύχι του χεριού του. Το είχε κομμένο και ήξερα πως τούτο ήταν μεγάλη θυσία. Είχε ένα θείο τραπεζιτικό που στο μικρό του δάχτυλο άφησε μακρόστενο νύχι που τον βοηθούσε στη δουλειά. Ο φίλος μου είχε τόσο βεβαιωθεί πως το σύμβολο του διανοούμενου ήτανε το νυχάκι, που με όλες τις φωνές του δασκάλου δεν εννοούσε να τ' αποχωριστεί. Το περιποιόντανε ιδιαίτερα.

Μα οι εκπλήξεις μου δεν σταματήσανε εκεί. Ρώτησε τη μαμά αν ήθελε να δει και τα τετράδιά του. Κόπηκαν τα πόδια μου. Ήξερα τους βαθμούς του κι έτρεμα.

Καλύτερα, συλλογιζόμουνα, ν' άφηνε το νύχι και να μην έδειχνε το τετράδιο. Πάει η καλή εντύπωση.

- Μπράβο, παιδί μου, άκουσα τη μητέρα να λέει.

- Σίγουρα της έστριψε, σκέφτηκα.

(Τ. ΓΚΡΙΤΣΗ-ΜΙΛΛΙΕΞ)

EDEXCEL, GCE 'A' level, May 2000

116

Ώρα τρεις το μεσημέρι. Τετραμελής οικογένεια με τα μπανιερά παλεύει να περάσει την καυτή άσφαλτο. Μπροστά, τα παιδιά με όλο τον πλαστικό εξοπλισμό της θάλασσας ανά χείρας, και πίσω οι γονείς, ο πατέρας μ' ένα μεγάλο καρπούζι στα χέρια και η μαμά με ό,τι δεν αρέσκονται να κουβαλούν τα παιδιά. Είναι εικόνα που θαρρείς κι έχει ξεκολλήσει από άλμπουμ του παρελθόντος – τότε που οι οικογένειες των νότιων προαστίων πήγαιναν με τα πόδια στη γειτονική θάλασσα, διασχίζοντας μια πόλη άλλη από τη σημερινή. Κι όμως, τίποτα δε μοιάζει διαφορετικό σε τούτη την οικογενειακή εικόνα, πέρα από την εθνικότητα των πρωταγωνιστών της (Αλβανοί), που μοιάζουν να απολαμβάνουν τις χάρες που προσφέρει το απάνθρωπο περιβάλλον. Τέτοιοι μετανάστες αποδεικνύουν ότι τούτη η ρυπαρή τσιμεντούπολη έχει ακόμη περιθώρια βιωσιμότητας, ακόμη και στις πιο επιβαρυμένες περιοχές της. Δεν πρόκειται μόνο για την απόλαυση των μολυσμένων ακτών στις οποίες λίγοι Έλληνες κολυμπούν, αλλά και για την αποκάλυψη της απογευματινής βόλτας σε κάποια σημεία της πόλης που δεν προτιμούν πια οι κάτοικοί της. Σε μικρές πλατείες πολύβουες, γεμάτες καυσαέριο, σε βρώμικα πάρκα εγκαταλελειμμένα από αρχές και κατοίκους, μικρές παρέες κουβεντιάζουν όρθιοι και αστειεύονται σ' ακατανόητες γλώσσες, οι άντρες χώρια από τις γυναίκες. Δίπλα τους τα παιδιά παίζουν με τις ώρες και δεν αφήνουν κανέναν σε ησυχία. Τέτοιες σκηνές δεν είναι πια σπάνιες. Η Αθήνα άλλαξε. Οι Αθηναίοι συνυπάρχουν τώρα πια με δεκάδες φυλές από όλα τα μήκη και τα πλάτη της γης. Αυτή η πραγματικότητα έγινε πιο προφανής φέτος το καλοκαίρι.

(Ε. ΧΑΤΖΗΙΩΑΝΝΙΔΟΥ)

EDEXCEL, GCE 'A' level, May 2000

117

ΑΣΤΥΠΑΛΑΙΑ: ΕΝΑ ΝΗΣΙ ΜΕ ΙΣΤΟΡΙΑ

Η Αστυπάλαια μοιάζει με πεταλούδα. Το μεγαλύτερο χωριό στο νησί είναι η Χώρα και είναι χτισμένο στις πλαγιές ενός λόφου που στην κορφή του έχει ένα μεσαιωνικό φρούριο. Μέσα στο φρούριο, δυο πανέμορφες εκκλησίες, βαμμένες κάτασπρες, δημιουργούν μια έξοχη αντίθεση με το μπεζ χρώμα των τειχών του φρουρίου και το γαλάζιο του ουρανού και της θάλασσας. Τα σπίτια της Χώρας, είτε διώροφα, είτε ισόγεια, είτε παραδοσιακά, με μπλε πόρτες και παραθύρια, όλα με στέγες επίπεδες για να μαζεύουν το νερό της βροχής. Τόπος ήσυχος η Χώρα, θα μπορούσε να είναι ένας παράδεισος για το καλοκαίρι, αν δεν υπήρχαν μερικά μηχανάκια που ανεβοκατεβαίνουν από το λιμάνι.

Η μεγάλη απόσταση της Αστυπάλαιας από μεγάλες πόλεις και η μέχρι πρόσφατα δύσκολη επικοινωνία με τον έξω κόσμο είχαν σαν αποτέλεσμα να διατηρούνται στο νησί πανάρχαιες συνήθειες.

EDEXCEL, GCE 'A' level, Summer 2001

118

Για τους περισσότερους μαθητές του Λυκείου η περίοδος των εξετάσεων αποτελεί μια μόνιμη πηγή άγχους και ανησυχίας. Ιδιαίτερα τα τελευταία χρόνια με τις συνεχείς αλλαγές στο εκπαιδευτικό σύστημα, οι μαθητές, πέρα από το ότι προετοιμάζονται για τις εξετάσεις που θα τους επιτρέψουν να κερδίσουν μια θέση στο πανεπιστήμιο, είναι επίσης αναγκασμένοι να εξοικειωθούν με καινούριες εξεταστικές μεθόδους. Μαζί με τους μαθητές, το καθηγητικό προσωπικό χρειάζεται κι αυτό να επιμορφωθεί για να ανταποκριθεί στις υποχρεώσεις του και να μπορέσει να διδάξει σωστά. Όπως δήλωσαν πολλοί καθηγητές του Λυκείου, ο χρόνος που πρέπει ν' αφιερώσουν στη μελέτη και στη προετοιμασία των μαθημάτων τους, έχει διπλασιαστεί τα τελευταία δυο χρόνια. Μαζί με τους μαθητές και τους καθηγητές, παρόμοιες ανησυχίες για το μέλλον των παιδιών τους έχουν εκφράσει κι οι γονείς.

EDEXCEL, GCE 'A' level, Summer 2002

119

Στην εποχή μας, παρατηρούμε σημαντικές αλλαγές στον τομέα της οικονομίας, της πολιτικής και στην ελληνική κοινωνία γενικότερα, η οποία πλέον γρήγορα γίνεται «πολυεθνική». Η τεχνολογία έδωσε τέλος σε πολλά προβλήματα, αλλά δημιούργησε κι άλλα καινούρια, μαζί με καινούριες ανάγκες κι επιθυμίες.

Πρώτον, πολλά επαγγέλματα που υπήρχαν στο παρελθόν δεν χρειάζονται πια. Οι νέοι ζητούν πράγματα πιο σύγχρονα. Κάτι που να χρειάζεται λιγότερη εργασία και να έχει μεγαλύτερα οικονομικά οφέλη, κάτι πιο κοντά στους υπολογιστές και στην τεχνολογία. Σαν αποτέλεσμα, ο κόσμος γεμίζει από διευθυντές και ανθρώπους της καριέρας. Ο ανταγωνισμός είναι μεγάλος και η ανεργία υψηλή.

Δεύτερον, βλέπουμε το ενδιαφέρον για την πολιτική να λιγοστεύει. Οι περισσότεροι νέοι δεν διαβάζουν εφημερίδα και δεν έχουν πολιτική ιδεολογία.

EDEXCEL, GCE 'A' level, Summer 2003

120

Όχι, δεν ήταν ασφυκτικά γεμάτο το βράδυ εκείνο του Σαββάτου το μικρό θεατράκι της Αρχαίας Επιδαύρου. Ούτε πλήθη δημοσιογράφων και φωτογράφων ήταν παρόντα. Οι κυρίες δε συναγωνίζονταν για το ποια φορούσε τα πιο εντυπωσιακά ρούχα, οι κύριοι δε μιλούσαν για τις επιχειρήσεις τους, τα κινητά δε χτυπούσαν κάθε δύο λεπτά. Εκείνοι, που κρατώντας έ- να μπουκάλι παγωμένο νερό, ανηφόρισαν το χωματόδρομο για το θέατρο, ήταν θεατρόφιλοι που ξέρουν από καλό θέατρο και εκτιμούν μια καλή παράσταση. Ήρθαν για να δουν, όχι για να τους δουν.

Ο χώρος της Μικρής Επιδαύρου είναι ιδανικός για τέτοιες ζεστές, καλοκαιρινές βραδιές. Στο βάθος, τα νερά ενός γαλήνιου λιμανιού. Πάνω στη σκηνή, το σύμβολο του πάθους, το κατακόκκινο φόρεμα της τραγικής ηρωίδας, της Φαίδρας.

EDEXCEL, GCE Advanced Subsidiary Unit 1 - 2004

121

Για την τιμή της ταβέρνας

Που να πάει ο πεινών και διψών Αθηναίος να πιει ένα ποτήρι κρασί και να φάει ένα καλομαγειρεμένο πιάτο φαγητό και να μη χρειαστεί να πουλήσει το κτήμα στο χωριό, για να ξεχρεώσει την κάρτα του;

Ενώ παλιά υπήρχαν ένα-δύο «καλά» εστιατόρια και χιλιάδες ταβέρνες, τώρα ισχύει ακριβώς το αντίθετο. Φυσικά, ταβέρνες με εκείνη την παλιά, καλή έννοια δεν είναι όλες αυτές οι ταβέρνες στην Πλάκα, οι οποίες είναι απλώς γραφικό σκηνικό για τουρίστες και οι οποίες σερβίρουν φαγητό παντελώς της πλάκας.

Το κενό αυτό έρχεται τώρα να καλύψει ένα νέο είδος ταβέρνας η νεοταβέρνα. Κι αυτό διότι δεν είναι δυνατόν πλέον ο Νεοέλλην να φάει ντολμαδάκια και μουσακά, αν το χάρτινο τραπεζομάντηλο δεν είναι ντιζάϊν. Οπότε, σιγά σιγά, η Αθήνα γεμίζει με τέτοιες νεοταβέρνες, οι οποίες προσφέρουν καθημερινό φαγητό, άλλες καλλίτερο, άλλες χειρότερο, άλλες ελαφρά αλλαγμένο, άλλες όπως το έκανε η μαμά μας.

EDEXCEL, GCE Advanced Subsidiary Unit 1 - 2005

122

Ιός απειλεί τα κινητά τηλέφωνα

Έχουμε συνηθίσει πλέον να μιλάμε για ιούς που προσβάλλουν τους υπολογιστές μας, αλλά τώρα ένας νέος ιός, ο οποίος μολύνει το κινητό τηλέφωνο με μια παραλλαγή του παιχνιδιού "Mosquitos", έκανε την εμφάνισή του και απειλεί τα κινητά μας. Πρόκειται για τον πρώτο ιό κινητών τηλεφώνων.

Αυτό που συμβαίνει, είναι να κάνει το κινητό τηλέφωνο να στέλνει μηνύματα σε διάφορους δέκτες. Ο χρήστης δε θα το αντιληφθεί, πριν να του έρθει ο λογαριασμός ή προτού ελέγξει τη λίστα των μηνυμάτων τα οποία έχει στείλει με το κινητό του.

Ο ιός μπορεί να αφαιρεθεί εύκολα, αν ο χρήστης απλώς σβήσει αυτό το παιχνίδι. Τα μηνύματα στέλνονται καθώς ο χρήστης παίζει το παιχνίδι και φυσικά δεν το καταλαβαίνει.

EDEXCEL, GCE Advanced Subsidiary Unit 1 - 2006

123

Με τη φράση «Η επιστήμη έχει πόδια τριχωτά», η Ελένη Γλυκατζή-Αρβελέρ περιέγραψε το γεγονός ότι οι γυναίκες στην Ευρωπαϊκή Ένωση δεν φτάνουν στην κορυφή της εκπαίδευσης και της επιστήμης.

Σε συνέδριο που οργανώθηκε στη Θεσσαλονίκη, με θέμα «Επιστήμες, επιχειρήσεις και ο ρόλος των γυναικών», η κ. Ε. Γλυκατζή-Αρβελέρ υπογράμμισε ότι η γυναίκα πρέπει κάποτε να γίνει, όχι μόνο δημιουργός παιδιών, αλλά και δημιουργός Ιστορίας.

Υπάρχουν διάφορα γυναικεία λόμπι, που εργάζονται για να προωθήσουν τις γυναίκες σε υψηλές θέσεις. Η προσπάθεια αυτή πρέπει να συνεχιστεί, όπως είπε η ομιλήτρια.

Στο ίδιο συνέδριο, μια Ελληνίδα βουλευτής ανέφερε ότι στην Ευρωπαϊκή Ένωση οι άνδρες αμείβονται 14 φορές περισσότερο από τις γυναίκες, ενώ η εκπροσώπηση των γυναικών είναι πολύ χαμηλή στις επιχειρήσεις όσο και στην πολιτική.

EDEXCEL, GCE Advanced Subsidiary Unit 1 - 2007

124

Το γέλιο είναι κολλητικό, σύμφωνα με νέα έρευνα

Φαίνεται ότι είναι αλήθεια: «Γέλα και όλος ο κόσμος θα γελάσει μαζί σου», λένε καθηγητές του Πανεπιστημίου.

Έχετε παρατηρήσει ότι κάποτε αρχίζετε να γελάτε, απλά και μόνο γιατί κάποιος άλλος γελάει;

Το γέλιο είναι μεταδοτικό και είναι πολλοί αυτοί που χρησιμοποιούν το γέλιο, για να πετύχουν καλύτερη αντίδραση α- πό το κοινό.

Το χασμουρητό, που δείχνει μια κατάσταση κούρασης ή βαρεμάρας, είναι επίσης μεταδοτικό. Το χασμουρητό, μπροστά σε άλλους, δημιουργεί την ίδια διάθεση.

Είναι γνωστό άτι οι άνθρωποι μιμούνται τις συνήθειες ή τα συναισθήματα αυτών που βρίσκονται γύρω τους. Οι φίλοι συχνά χρησιμοποιούν το ίδιο λεξιλόγιο ή κάνουν τις ίδιες χειρονομίες. Τόοο το γέλιο όσο και η κακοδιαθεσία είναι μεταδοτικά.

EDEXCEL, GCE Advanced Subsidiary Unit 1 - 2008

125

Ο παπά-Αντώνης στον Κολωνό δίνει ζωή στην ελπίδα

«Από το παράθυρό μου έβλεπα νέα παιδιά, μπλεγμένα στα ναρκωτικά, να ζουν σε φοβερές συνθήκες. Άρχισα να αναρωτιέμαι πώς μπορώ να τα βοηθήσω.

Η περιοχή μας είναι από τις πιο επικίνδυνες στην Αθήνα. Υπάρχουν πολλές συμμορίες, ενώ σχεδόν σε κάθε γωνιά γίνεται εμπόριο ναρκωτικών.

Από την πρώτη στιγμή too ήρθα εδώ, ένιωσα την ανάγκη να αντιδράσω. Έτσι, με τη βοήθεια εθελοντών, δημιουργήσαμε αυτό το κέντρο, με στόχο να βγάλουμε από τη φτώχεια όσα περισσότερα παιδιά μπορούμε. Θέλουμε να τα βοηθήσουμε να σταθούν στα πόδια τους.

Σήμερα στο κέντρο μας έρχονται 187 παιδιά από δώδεκα χώρες. Έχουν γνωρίσει τη βία και την εγκατάλειψη από τους γονείς τους. Πολλοί από αυτούς τους γονείς έχουν προβλήματα αλκοολισμού, ναρκωτικών, φυλάκισης.

Εθελοντές στο κέντρο μας άρχισαν να φροντίζουν τα παιδιά αυτά, τη διατροφή τους, τα ρούχα τους και την εκπαίδευσή τους. Η πόρτα μας θα είναι πάντοτε ανοιχτή γι' αυτά».

EDEXCEL, GCE Advanced Subsidiary Unit 1 - 2009

126

Διάλεξαν να τραγουδούν τραγούδια της Ηπείρου, επειδή πιστεύουν ότι η παραδοσιακή μουσική δεν είναι μόνο για τα πανηγύρια.

«Όπως οι Πλειάδες έγιναν αστέρια για να σωθούν από τον Ωρίωνα, έτσι κι εμείς τραγουδάμε για να ξεφύγουμε από τη ρουτίνα της καθημερινότητας» λένε με χιούμορ οι νεαρές κοπέλες του συγκροτήματος.

Δεν είχα ποτέ ξανακούσει παραδοσιακά τραγούδια, μέχρι το 2000, που ο πατέρας μου μού έδωσε μια κασέτα με τραγούδια της Ηπείρου, μας λέει η Γεωργία.

Επισκεφτήκαμε τα χωριά της Νότιας Αλβανίας, όπου τραγουδιέται αυτή η μουσική, για να τη γνωρίσουμε καλύτερα. Τα πράγματα όμως έχουν αλλάξει. Οι ντόπιοι σπάνια συναντιούνται για να τραγουδήσουν.

Όταν φεύγαμε από το χωριό Σελλιό, οι κάτοικοι μας φίλησαν λέγοντας:

«Σας ευχαριστούμε που μας κάνατε να τραγουδήσουμε πάλι όλοι μαζί».

EDEXCEL, GCE Advanced Subsidiary Unit 1 - 2010

127

Βλέπω τους ανθρώπους να μπαινοβγαίνουν στα μαγαζιά και στα εμπορικά κέντρα κουβαλώντας σακούλες με την ευτυχία ζωγραφισμένη στα πρόσωπά τους. Ναι, υπάρχουν άνθρωποι που ζουν για τα ψώνια! Η αγορά υλικών αγαθών γι αυτούς είναι ευτυχία.

Ο καθένας μας, με τα ρούχα που φοράει, δηλώνει το χαρακτήρα του. Η μόδα που ακολουθείς δείχνει τι άνθρωπος είσαι. Αν, για παράδειγμα, είσαι καλλιτεχνικός τύπος, μπορείς να φορέσεις τον αγαπημένο σου πίνακα. Είναι μάλλον δύσκολο να κυκλοφορείς στο δρόμο κρατώντας έναν πίνακα του Salvador Dali, αλλά εύκολα φοράς ένα μπλουζάκι που έχει πάνω του ένα από τα αριστουργήματα τα ου. Έτσι, δείχνεις στον κόσμο και τη μόδα αλλά και την τέχνη που προτιμάς.

EDEXCEL, GCE Advanced Subsidiary – Unit 1 – 2011

128

Προχτές, είδα στην τηλεόραση μια σειρά όπου μια παρέα γιόρταζε κάτι γενέθλια. *Αυτό που δε γνώριζα, είναι ότι οι καλοντυμένοι νέοι, που βρέθηκαν εκεί, δεν ήταν ηθοποιοί, ό- πως συνήθως γίνεται σε αυτές τις περιπτώσεις, αλλά φίλοι της σειράς στο Facebook και συγγενείς των πρωταγωνιστών.*

Χρειαζόταν μόνο μια πρόσκληση, που καλούσε τους «φί- λους» σ' ένα εστιατόριο που βρίσκεται στην καρδιά της πα- λιάς Αθήνας.

Οι καλεσμένοι, φορώντας τα καλά τους, μαζεύτηκαν για να φάνε, να διασκεδάσουν και να είναι κοντά στους αγαπημέ- νους τους καλλιτέχνες.

«Κάθε φορά που γυρίζουμε επεισόδιο μαζεύονται «φίλοι» μας από το Facebook, αλλά αυτή τη φορά ο αριθμός ήταν τό- σο μεγάλος!», μας είπε ένας από τους πρωταγωνιστές της σειράς, με ενθουσιασμό.

EDEXCEL, GCE Advanced Subsidiary – Unit 1 – 2012

129

Πολλοί μαθητές κάθονται καθημερινά στον υπολογιστή εί- τε για να παίξουν παιχνίδια ή για να κάνουν την εργασία του σχολείου.

Μπορεί όμως αυτή η αθώα συνήθεια να γίνει βλαβερή για την υγεία. Καλό είναι να έχουμε μεγάλα γράμματα στην ο- θόνη μας, για να βλέπουμε καλύτερα!

Για να προστατέψουμε τα μάτια μας, πρέπει να καθόμαστε 40-50 εκατοστά από την οθόνη και φυσικά να ξεκουραζόμα- στε συχνά, κάνοντας κάτι άλλο.

Επίσης, πρέπει να προσέχουμε τον τρόπο που καθόμαστε στην καρέκλα. Μπορεί εμείς να είμαστε απρόσεκτοι, το σώμα μας όμως θυμάται όλες μας τις κινήσεις, ιδιαίτερα όταν τις επαναλαμβάνουμε συνεχώς.

Τόσες φορές καθόμαστε στον υπολογιστή και ξαφνικά κοιτάμε το ρολόι μας και βλέπουμε ότι πέρασαν ήδη τρεις ώρες, χωρίς να το καταλάβουμε!

EDEXCEL, GCE Advanced Subsidiary – Unit 1 – 2013

130

Έχετε νιώσει ποτέ πως υπάρχει πολλή πίεση και άγχος στη ζωή σας; Μήπως ανησυχείτε για τις εξετάσεις και τα μαθήματα; Μήπως το πρόγραμμα σας είναι πάρα πολύ φορτωμένο;

Όλοι μας – ενήλικες, έφηβοι, ακόμη και παιδιά – έχουμε την εμπειρία του άγχους.

Ακούστε, λοιπόν, τι μας λέει η Ματίνα:

«Στα δεκαέξι μου πήγαινα σχολείο, έπαιζα μπάσκετ στη σχολική ομάδα, τραγουδούσα στη χορωδία και δούλευα στο σουπερμάρκετ κάθε Σάββατο. Με λίγα λόγια, δε μου έμενε καθόλου χρόνος για τον εαυτό μου. Συνεχώς πήγαινα για ύπνο πολύ αργά. Μερικές φορές ήμουνα τόσο πιεσμένη, που μάλωνα με τους γονείς και τους φίλους μου, χωρίς λόγο. Έτσι, αν και δεν το έκανα με ευχαρίστηση, αναγκάστηκα να παρατήσω το μπάσκετ. Θα συμβούλευα τον καθένα σας, λοιπόν, να βάζετε προτεραιότητες και να διαλέγετε τι μπορεί να χωρέσει στο πρόγραμμα σας, χωρίς να σας δημιουργεί πρόβλημα».

EDEXCEL, GCE Advanced Subsidiary – Unit 1 – 2014

IDIOMATIC EXPRESSIONS – PROVERBS

Idiomatic expressions should never be translated word for word. In its long history, the Greek language has acquired a wealth of idiomatic expressions. The legacy of ancient Greek, the influence of the Bible, the numerous proverbs have added thousands of expressions by which the Greek people express their feelings. Admiration, disappointment, surprise, shame and sympathy are all expressed in these expressions. Only a very small selection of expressions is given below:

1. *Ancient Greek sayings*

η Αχίλλεια πτέρνα = Achillean heel
ο χρυσούς αιών = the Golden Age
άθλος του Ηρακλή = a Herculean task (labour)
φλέγον ζήτημα = a burning question
κατόπιν εορτής = too late
χάρμα οφθαλμών = a delight of the eyes
ιδού η Ρόδος = the acid test
περί ανέμων και υδάτων = trifling or irrelevant talk
πνέει τα λοίσθια = in one's death throes; to breathe one's last
πάση θυσία = at all costs
παρθένον έδαφος = virgin soil
μάντις κακών = Prophet of ill
η μερίδα του λέοντα = the lion's share
το μήλον της έριδος = the apple of discord

2. *Biblical Expressions*

η γη της Επαγγελίας = the promised land
η ρίζα του κακού = the root of all evil

ο περιούσιος λαός = the chosen people
φωνή βοώντος εν τη ερήμω = a voice crying in the wilderness
τα άγια των αγίων = the Holy of Holies
το φιλί του Ιούδα = a Judas kiss
ο άσωτος υιός = the prodigal son
απηγορευμένος καρπός = forbidden fruit
νίπτω τας χείρας μου = to wash one's hands of
αγρόν ηγόρασε = to show no interest; to be indifferent
είπα και ελάλησα = I have warned you; I have said my say
μέλι γάλα = On excellent terms (especially after quarreling)
που την κεφαλήν κλίναι = Helpless; to be destitute; down and out
Μνήσθητι μου Κύριε! = Heavens above! Mercy
κλάδος ελαίας = an olive branch
οφθαλμός αντί οφθαλμού = an eye for an eye
η ενδεκάτη ώρα = The eleventh hour
το μεν πνεύμα πρόθυμον αλλ' η σαρξ ασθενής = The spirit is willing but the flesh is weak
ο άρτος ο επιούσιος = Our daily bread
ήγγικεν η ώρα = The time has approached
σημεία των καιρών = Signs of the times

Other Expressions connected with the human body

αγύριστο κεφάλι = a stubborn person; pig-headed
κατεβάζω τα μούτρα μου = to pull a long face; to make a wry face
κάνω του κεφαλιού μου = to act according to one's own will; to do what one chooses
βγαίνω ασπροπρόσωπος = to give a good account of oneself
είναι διπλοπρόσωπος = he had the front to come
κάνει ό,τι του κατέβει στο κεφάλι = to do anything that comes into one's head

πέφτω με τα μούτρα (στο φαΐ, στο διάβασμα) = to fall to straight into

κάνω στραβά μάτια = to tolerate

κόρη οφθαλμού = (to be) the apple of one's eye

δεν έχω μάτια να τον δω = I don't want to set eyes on him

κοιτάζω με στραβά μάτια = to look unfavourably; to give a sour look

τα μάτια σου τέσσερα = keep a sharp look out; keep your eyes peeled

έκανε το μάτι του γαρίδα = to be roundeyed

χώνω τη μύτη μου = to poke one's nose into

έξω απ' τα δόντια = to say something right out; not to mince words

δεν είναι για τα δόντια σου = it's too big a bite for you

μάλλιασε η γλώσσα μου = to talk oneself dry

έχει γλωσσοδέτη = to be tongue-tied

πάει η γλώσσα του ψαλλίδι = his tongue goes nineteen to the dozen

δεν ιδρώνει το αυτί του = it causes him no anxiety

βουλώνω το στόμα (κάποιου) = to stop (or shut) someone's mouth

μου 'φαγε τα αυτιά = to keep dinning it into someone's ear

παρά τρίχα = touch and go; a hair's breath; escape

χρωστά τα μαλλοκέφαλά του = to be head over ears in debt

παίρνω στο λαιμό μου = to have somebody on one's conscience

πετσί και κόκκαλο = all skin and bones

το αίμα νερό δεν γίνεται = blood is thicker than water

άναψαν τα αίματά του = his blood pressure is up

έμεινε κόκκαλο = to be dumbfounded

γλυτώνω από τα νύχια = to get out of the clutches

παίζω στα δάχτυλα = to have at one's fingertips

το βάζω στα πόδια = to take to one's heels

είναι στο πόδι = to be up and about

κόπηκαν τα ήπατά μου = my heart sank into my boots

Expressions connected with Clothing, the Sea, Death, Madness, Drink etc.

τον έχω στην τσέπη = to have one in one's pocket
τα παπούτσια στο χέρι = to give the sack; to be sacked; dismissed
πήρε τα βρεμένα του = to sneak off; to leave shamefaced
στα παλιά μου τα παπούτσια = I don't care a rap (or a hang, or a fig)
με το γάντι = to behave politely; to handle courteously
έχασε τα νερά του = to be out one's depth
κόβω λάσπη = to cut and run
έριξε άγκυρα = to drop anchor; to settle, to find a haven
χάνω το μπούσουλα = to be at a loss; to be at sea
τρικούβερτος καυγάς = a row royal
του γλυκού νερού = inefficient; no good; of dubious repute (of women)
πεθαμένος στην κούραση = dead tired
μετρημένα είναι τα ψωμιά του = his days are numbered
τίναξε τα πέταλα = to kick the bucket
στου διαβόλου τη μάνα = at the back of beyond; an out of the way place
τι διάβολο κάνει; = what the devil is he doing?
τι διάβολο σ' έπιασε = what has possessed you?
του 'στριψε = he's off his head
χρωστά της Μιχαλούς = as mad as a hatter
τρελλός για δέσιμο = stark raving mad
στουπί στο μεθύσι = dead drunk; blind drunk
κουφιοκεφαλάκης = empty-headed
κουτός σαν τα χόρτα = a born fool
χοντροκέφαλος = thickheaded

Some Greek Proverbs

1. Κάλλιο αργά παρά ποτέ.
Better late than never.

2. Όταν υπάρχει θέληση υπάρχει και ο τρόπος.
Where there is a will, there is a way.

3. Μεταξύ των τυφλών ο μονόφθαλμος βασιλεύει.
Among the blind the one-eyed is king.

4. Όχι λόγια, αλλά έργα.
Actions speak louder than words.

5. Κάλλιο ένα και στο χέρι παρά δέκα και καρτέρι.
A bird in the hand is worth two in the bush.

6. Ο φίλος στην ανάγκη φαίνεται.
A friend in need is a friend indeed.

7. Ο χρόνος είναι χρήμα. – Time is money.

8. Στη χάση και στη φέξη. – Once in a blue moon.

9. Μάτια που δεν βλέπονται γρήγορα λησμονιούνται.
Out of sight, out of mind.

10. Παν μέτρον άριστον. – Moderation in all things.

11. Μη λογαριάζεις χωρίς τον ξενοδόχο.
Don't count your chickens before they are hatched.

12. Φασούλι, φασούλι, γεμίζει το σακκούλι.
Little and often fills the purse.

13. Λέγε την αλήθεια, νάχεις το Θεό βοήθεια.
Tell the truth and shame the devil.

14. Ό,τι έγινε, έγινε. – It's no use crying over spilt milk.

15. Η αργία είναι μητέρα πάσης κακίας.
Idleness is the mother of vice.

16. Ο καιρός δεν περιμένει. – Time and tide wait for no man.

17. Τα λάθη είναι ανθρώπινα. – To err is human.

18. Πες μου την παρέα σου να σου πω ποιος είσαι.
Tell me your company and I'll tell you what you are.

19. Το λίγο είναι καλύτερο από το τίποτα.
A little is better than none.

20. Το ένα χέρι νίβει το άλλο και τα δυο το πρόσωπο.
Scratch my back and I'll scratch yours.

21. Όποιος θέλει τα πολλά χάνει και τα λίγα.
Don't kill the goose that lays the golden eggs.

22. Πολυτεχνίτης και ερημοσπίτης.
Jack of all trades, master of none.

23. Η τύχη ευνοεί τους τολμηρούς. – Fortune favours the brave.

24. Στην αναβροχιά καλό είναι και το χαλάζι.
Half a loaf is better than no bread.

25. Το χρήμα γεννά χρήμα. – Money breeds money.

26. Σκύλλος που γαυγίζει δεν δαγκώνει.
Barking dogs seldom bite.

27. Όποιος βιάζεται σκοντάφτει.
Hasty climbers have sudden falls; more haste less speed.

28. Η αγάπη είναι τυφλή. – Love is blind.

29. Κάθε πουλί με τη φωνή του χαίρεται.
Each bird loves to hear himself sing.

30. Στου κουφού την πόρτα όσο θέλεις βρόντα.
You are calling on deaf ears.

31. Τα γινόμενα δεν απογίνονται.
What has been done cannot be undone.

32. Το σίδερο στη βράση του κολλά.
Strike while the iron is hot.

33. Η πενία τέχνες κατεργάζεται.
Necessity is the mother of invention.

34. Άνθρωπος που περιπλανιέται, προκοπή δεν βλέπει.
A rolling stone gathers no moss.

35. Ό,τι λάμπει δεν είναι χρυσάφι. – All that glitters is no gold.

36. Όμοιος ομοίω αεί πελάζει. – Birds of a feather flock together.

37. Όπου έχει πολλούς πετεινούς αργεί να ξημερώσει.
Too many cooks spoil the broth.

38. Ένα χελιδόνι δεν φέρνει την άνοιξη.
One swallow does not make a summer.

39. Ό,τι σπείρεις θα θερίσεις. – As you sow, so shall you reap.

40. Η πείρα είναι ο καλύτερος δάσκαλος.
Experience is the best teacher.